Le nuove meraviglie di Milano

1

Un progetto realizzato dal «Centro Culturale di Milano»

© 2010 Edizioni Angelo Guerini e Associati SpA
viale Filippetti, 28 – 20122 Milano
http://www.guerini.it
e-mail: info@guerini.it

Prima edizione: aprile 2010

Ristampa: V IV III II I   2010 2011 2012 2013 2014

Copertina di Andrea Lancellotti

Printed in Italy

ISBN 978-88-6250-219-1

Le fotocopie per uso personale del lettore possono essere effettuate nei limiti del 15% di ciascun volume/fascicolo di periodico dietro pagamento alla SIAE del compenso previsto dall'art. 68, commi 4 e 5, della legge 22 aprile 1941 n. 633.
Le riproduzioni effettuate per finalità di carattere professionale, economico o commerciale o comunque per uso diverso da quello personale possono essere effettuate a seguito di specifica autorizzazione rilasciata da AIDRO, Corso di Porta Romana n. 108, Milano 20122, e-mail segreteria@aidro.org e sito web www.aidro.org.

MILANO È UNA COZZA

Storie di trasformazioni

a cura di Luca Doninelli

GUERINI E ASSOCIATI

Indice

9 Editoriale

13 Introduzione
   di Giulio Sapelli

PARTE PRIMA. SCRITTURE

21 SP46
   di Paola Caronni

49 Milano è una cozza
   di Fabio Greco

63 Magic Movie Park
   di Maria Luisa Frigerio

71 Canal Villoresi
   di Maria Luisa Frigerio

81 Dédans
   di Maria Luisa Frigerio

PARTE SECONDA. INDAGINI

95 Il sushi
   di Camilla Motta e Federica Sacchi

103 La casa dell'acqua
 di Giacomo Balduzzi

111 Happy hour. La «Milano da bere»... e quella da mangiare
 di Giovanni Castiglioni, Arianna Cavenago e Daniela Rossetti

137 I love shopping... con kebab
 di Sabrina Zanconi

APPENDICE

161 L'alba del degrado
 di Luca Doninelli

173 La guglia del Duomo di Milano
 di Luca Doninelli

181 Ringraziamenti

Editoriale

Chi cercasse in questo volume e in quelli che, si spera, seguiranno alcune tracce della solita discussione su Milano (dal problema della sicurezza a quello del traffico, dal PGT alla gestione – in chiave politica – delle aree dismesse, dall'incidenza della delinquenza comune negli affari pubblici al riciclaggio di denaro sporco, dalla politica culturale del comune fino al fin troppo noto dominio delle grandi società immobiliari sul complesso del progetto che la città va elaborando sul proprio futuro) resterebbe deluso. Gli consigliamo di non spendere inutilmente i propri soldi.

Non che i problemi sopra elencati non siano importanti, non che non possano entrare, magari obliquamente, anche nei nostri scritti: semplicemente, siamo sicuri che esiste qualcuno capace di fare questo lavoro molto meglio di noi – anche se a volte si direbbe di no.

In ogni caso, il nostro obiettivo è diverso, ma forse anche più ambizioso. Vogliamo recuperare il racconto plurale, infinitesimale, della nostra città e del suo territorio in questo momento cruciale di cambiamento, e fare tutto questo dall'interno delle biografie e delle storie personali, partendo cioè dalla ferita, o dai desideri, o dai sogni, o dallo spaesamento che questa metamorfosi determina in persone come tutti noi, che per una scommessa si sono trasformate in narratori.

I nostri narratori sono titolari di concessionarie automobilistiche, rappresentanti di prodotti farmaceutici, impiegati di banca, donne di casa (ne esistono ancora), oppure semplici studenti universitari – ma studenti normali, che non aspirano a diventare scrittori: soltanto studenti della Facoltà di Sociologia, impauriti come tutti dall'incerto futuro, che sognano di fare i ricercatori sociali e che grazie a un corso universitario hanno cominciato a stimare l'importanza del lato narrativo della ricerca e della necessità di un'implicazione personale con l'oggetto della stessa. Gli argomenti che trattano in questo numero sono quelli che toccano la loro vita:

- lo spaesamento di chi, venuto dal Sud dell'Italia per commerciare pesce, non vede l'ora di tornare a un'altra luce, a un altro sole;
- la scoperta di come la costruzione di una semplice strada può rivelare, come una zampata su un formicaio, la vita nascosta di una cittadina dell'hinterland milanese già provata da cambiamenti troppo più grandi di lei (la Fiera, l'Expo);
- la vita demenziale di un multiplex nato con grandi ambizioni nel 2002, soffocato dai malintesi della politica e già da tempo abbandonato alle ortiche;
- la presenza, nel paesaggio che cambia, di elementi architettonici come il canale Villoresi, che appartengono a progetti vecchi e dismessi da tempo, oggi trasformati in risorse turistiche e patrimonio culturale;
- la cura della casa nella Milano dei flussi: la casa di chi abita nell'hinterland come scoglio, roccia dentro una corrente che sembra dover corrodere ogni stabilità;
- aspetti diversi del mangiare e del bere a Milano studiati e vissuti dagli studenti: dall'*happy hour* alla sushi-mania, dall'esperimento delle cosiddette «case dell'acqua» all'avventura nel mondo un po' chiuso dei negozi di kebab.

Una galleria per ora piccola, ma che noi siamo intenzionati ad allargare nel tempo.

Questa città dura, difficile da amare, questa città meravigliosa ma dalle meraviglie nascoste, questa città che si espande ben oltre i confini delle proprie cerchie acquatiche e murarie, comunali e provinciali, questa città che ritroviamo non soltanto a Cernusco sul Naviglio o a Rozzano ma anche a Pavia, a Bergamo, a Varese, a Lecco, a Busto Arsizio, a Treviglio, questa città non è soltanto un problema gestionale ma anche e prima di tutto una realtà umana, fatta di gruppi ma prima ancora di racconti, ossia di persone, di destini.

Oggi anche nell'ambito delle discipline psicologiche, pedagogiche e sociali si parla molto di «racconto», anche se non si ha l'impressione che tutti conoscano pienamente il senso di questa parola. Affinché ci sia racconto devono esserci dei destini personali in gioco: non perché le moltitudini, le comunità non abbiano un loro racconto che comprende tradizioni, memoria, abitudini e vicissitudini storiche (come dice Marco Revelli, le biografie di chi migra sono biografie spezzate, interrotte, e questo è un tratto caratteristico di tutta la società globalizzata), ma perché è nel concreto del destino personale, nell'alzarsi della voce solista, della storia individuale da quel racconto corale che può nascere un rapporto tra diversi capace di superare la soglia della mera conflittualità.

C'è stato un tempo in cui la fiducia positivista nelle *magnifiche sorti e progressive* della scienza e il riflusso dell'avventura colonialista, con annessa condanna morale, portarono una parte della cultura europea a interrogarsi su quanto legittimamente l'Occidente potesse considerarsi *la* civiltà per eccellenza, relegando le altre ad aree bisognose di un intervento civilizzatore.

L'*altro* (lo straniero, il lontano, lo strano, il bizzarro, il mostruoso, il malato, il criminale, l'irregolare ecc.) cominciò a diventare un serio parametro, talora indispensabile, per la conoscenza di sé. Noi ci conosciamo attraverso ciò che è *altro* da noi, e la sua diversità è lo specchio migliore per comprendere chi siamo.

Fu così, sul fascino di questo grande input, che nacque e si affermò, oltre alla psicologia e alla sociologia, anche l'etnologia, o antropologia culturale. Uomini che possiamo chiamare eroi, persone colte e spesso ricche, cresciute per esempio a Londra, o a Parigi, affrontarono lunghissimi viaggi e condizioni di vita pressoché impossibili, vivendo per anni la stessa vita delle società *primitive* (così le chiamavano allora) che si erano proposti di studiare.

Le biografie di questi uomini sono una testimonianza della forza delle idee. Essi non prendevano il mare, non abbandonavano per anni le loro famiglie e i loro sicuri corsi universitari per sviluppare semplicemente una disciplina tentata dal sogno (allora) di darsi lo statuto di scienza. La posta in gioco era ben più grande: si trattava di ribaltare l'idea stessa di *natura*. La *natura* è un dato? Quello che noi siamo è un dato? La nostra conoscenza e il nostro sapere procedono da un atteggiamento *naturale*, ossia dato, oppure sono il prodotto di qualcos'altro, per esempio delle strutture economiche (Marx), o della nostra volontà di potenza (Nietzsche), o di una realtà incontrollabile e oscura che chiamiamo inconscio (Freud)?

Ma gli eventi hanno travolto le idee. La fiducia in quelle *magnifiche sorti* è tramontata, e nessun figlio eccellente delle università europee attraversa più gli oceani per vivere nudo e povero a contatto con uomini, usanze e religioni sconosciute. In compenso, l'*altro* adesso è qui, a Milano. I figli di chi costruiva la propria capanna secondo un rituale millenario abitano nelle nostre città, fanno i commessi o gli impiegati o i muratori, e alcuni di loro hanno studiato, oppure sono diventati imprenditori, e magari i nostri figli – nati e cresciuti a Milano – lavoreranno alle loro dipendenze.

Eppure, nonostante le distanze siano state abolite sia da internet che da tragedie ancora in parte sconosciute (questa concomitanza tra rete e tragedia planetaria meriterebbe maggior attenzione), la difficoltà di rapportarsi con l'*altro* rimane intatta. Evidentemente, non basta abolire le distanze per fare comunità.

Raccontare e raccontarsi, dar conto della pluralità che esiste, favorire l'ascolto di una diversità che, piano piano, comincia ad acquistare voce: questo è lo scopo del nostro lavoro.

Fare etnografia narrativa significa da un lato prendere sul serio il soggetto che siamo noi che raccontiamo – la nostra posizione nel tempo, nello spazio e nella società, il nostro carattere, la nostra storia – e, al tempo stesso, guardare tutto quello che ci circonda (non solo gli stranieri, quindi, ma anche la via dove abbiamo sempre vissuto, la nostra stessa casa, un canale, un edificio, un quartiere e i suoi abitanti ecc.) con la curiosità di chi vuole mettersi in rapporto con qualcosa che è *altro* da sé.

Introduzione

Che cos'è la scrittura? Ecco il problema che questo libro pone dinanzi al lettore con forza e con tranquilla evidenza. Le persone che hanno lavorato con Luca Doninelli e con lui hanno appreso quella difficile competenza che si usa oggi chiamare etnografia narrativa, ci hanno donato degli esempi preclari di scrittura...
Ma la scrittura è narrazione? O, meglio, lo è sempre? Sicuramente no. Lo è quando è riflessione dell'essere su se stesso per instaurare un rapporto con «l'altro». Ma «l'altro» della scrittura non può che essere il lettore, essendosi ormai persa – salvo rarissime occasioni sociali – la pratica della lettura ad alta voce che caratterizzava tanto un'epica della poesia quanto una forma della glorificazione dell'artista che il mercato dell'industria culturale ha sradicato, sradicando i rapporti sociali che la rendevano possibile.
Glenn Gould che non suona più in pubblico e incide soltanto in solitudine il suo sublime rapporto con la musica è sempre stato per me la quintessenza di questa trasformazione. Ed è stato sempre, insieme, l'esempio di una tenace resistenza personale a quello sradicamento. La scrittura personale, carta e penna del XXI secolo con la tastiera del computer, nasce dall'anima per essere letta individualmente in quella solitudine sempre più rara: la scrittura per narrare l'anima è la quintessenza della resistenza alla massificazione e all'omologazione dell'industria culturale.
C'è chi ama guardare delle *slide* o dei *power point* cantilena-

ti da colui o colei che li proietta e c'è, invece, colui o colei che preferisce ascoltare la voce di un Io narrante e riflettere e poi leggere e rileggere e insieme discutere e ridiscutere. La divisione è netta. Il primo modo di affabulare proiettando immagini di scrittura abolisce il significato spirituale della scrittura stessa e reifica l'essere perché reifica il pensiero serializzandolo e non avvincendolo nella e con la narrazione. Perché, ricordiamolo sempre, se la scrittura non è sempre narrazione come esito, lo è sempre come tensione: si scrive per narrare.

La comparazione con la reificazione ce lo insegna definitivamente: non abbiamo più dubbi. Si scrive per narrare. A se stessi e agli altri. S'io scrivo rileggerò; e rileggo già mentre scrivo e riscrivo e correggo e ridefinisco. Ma scrivo anche per chi so o penso o credo che mi leggerà nel silenzio della sua casa, nel brusio del tram o del treno che avvolgerà la lettura e la renderà, allora, un episodio della vita quotidiana colmo di beatitudine salvifica.

L'etnografia narrativa è la scrittura che narra per descrivere ciò che non si guarda e non si rimemora quando non si pensa di dover scrivere. È sempre la dimensione temporale del futuro che contrassegna l'esserci nel tempo dell'etnografo narratore. Guarda in altro modo da colui che non deve rimembrare.

Perciò il narratore etnografico scrive per la memoria e con la memoria. Per la memoria perché ricorderemo con lui leggendo e rileggendo. Con la memoria perché senza memoria non esiste rappresentazione simbolica. Perché l'etnografia narrativa è sempre narrazione simbolica, è sempre l'essere nel tempo che si realizza epifanicamente scatenando il nostro Sé come, addirittura! il nostro Es: e le storie qui raccolte – e sono magnifiche nella loro purezza – ci danno perfetti casi ideali tipici di scritture etnografiche orientate tanto dal Sé quanto dall'Es quanto, ancora, da un Io dilagante e fortissimo. E questo lievito volitivo emerge anche molto bene quando la narrazione sceglie di delimitare il suo spazio dell'osservazione partecipante, districandosi tra cibi e spazi della nutrizione sociale riconsiderati simbolicamente nel loro consumo.

Il tutto mentre Luca Doninelli ci guarda arrampicato disperatamente felice sulla guglia del Duomo, in cima alla verticalità unica e sola della Milano che lui così tanto ama: interprete fedele della vita narrata, con questo libro Luca diviene Maestro.

Giulio Sapelli

PARTE PRIMA

SCRITTURE

In questa prima parte raccogliamo i primissimi contributi del corso di Etnografia Narrativa svoltosi presso il Centro Culturale di Milano. Cinque scritti, opera di tre autori, ci sono sembrati degni di far parte di questo primo volume del nostro progetto.

Paola Caronni *è di Bollate dove gestisce una concessionaria automobilistica. L'idea di scrivere questo drammatico testo,* SP46, *le è venuta dopo l'apertura della bretella Rho-Monza (la Provinciale 46, appunto), che ha messo in luce l'esistenza di una Bollate quasi sconosciuta, vite umane rimaste fin lì nell'ombra. Questa circostanza l'ha costretta a scavare anche dentro le proprie ombre, disseppellendo così tutto quel mondo che gravitava intorno all'area industriale oggi occupata dalla grande Fiera, opera di Massimiliano Fuksas.*

Fabio Greco, *biologo, rappresentante di prodotti farmaceutici, è anche scrittore* (Ruggini e Testuggini, ed. Il Filo). *Il testo qui pubblicato,* Milano è una cozza, *è un autentico pezzo di bravura, la dimostrazione che si possono mettere una lingua raffinata e la fantasia più sfrenata al servizio della conoscenza.* Milano è una cozza, *prima parte di quello che dovrebbe diventare il secondo libro di Fabio, penetra in profondità nell'animo di tutti coloro che, pur vivendo a Milano, conservano (anche nel linguaggio) il sogno di tornare nei luoghi della loro origine.*

Maria Luisa Frigerio *è una casalinga di Nova Milanese, con la passione per la scrittura. Con la sua prosa ariosa ma anche umorale, Luisa affronta tre luoghi destinati della sua biografia di abitante del-*

l'hinterland: la storia di un multiplex nato e abortito al centro di un virtuoso progetto che investiva ben tre parchi lombardi; la storia della presenza del Canale Villoresi in un paesaggio, quello dell'alta pianura, particolarmente esposto ai mutamenti; e, infine, una descrizione insolita della propria casa, richiestale con insistenza dal sottoscritto.

Lo spostamento, nel corso di due decenni, di una grande parte dei milanesi nel territorio dell'hinterland ha inciso profondamente sull'idea stessa di «abitare», sul racconto dell'abitare che la città fa a se stessa. Un conto, infatti, è abitare in una zona immersa nella città e ben collegata ad essa, un conto è vivere in una casa che si può raggiungere o lasciare solo in automobile. L'idea della casa come approdo, rifugio, baluardo in un paesaggio dominato dai flussi e dagli spostamenti ha modificato l'idea stessa di «casa», accentuando temi – come quello della sicurezza – che non fanno parte, per tradizione, della cultura milanese. Il modo in cui Luisa pensa la propria casa è, se ci pensiamo, ben diverso da quello a cui è abituato chi vive nel cuore della città.

SP46
Una zampata su un formicaio di vite nascoste

di Paola Caronni

La SP46, provinciale Rho-Monza, e la SSP233 Varesina sono per i cartografi due linee che si congiungono ad anello nella rotonda di Baranzate, già da molto tempo nelle loro mappe, solo da tre anni nella realtà; nella realtà, il tratto mancante a completare la traiettoria elegante del progetto l'abbiamo visto avanzare lentamente dall'orizzonte in qua, e potevamo vedere, noi della rotonda, le enormi macchine arancioni degli sterratori e i rulli fumanti delle asfaltatrici avvicinarsi in lontananza.

Spostati i parcheggi, incanalato il traffico e deviato dai jersey, fermati gli affluenti per far scorrere finalmente il grande fiume; posati i guard-rail e superata anche l'incomprensibile fase di stallo e di immobilità nella quale la strada è già pronta, i due tratti si guardano di qua e di là, ma non si toglie l'ultima barriera provvisoria nella terra di nessuno che salderebbe i due tronconi, poi finalmente la strada viene aperta e le auto, prima uno sgocciolìo, poi un flusso costante come di sangue che trova la vena giusta per defluire, scorrono verso la Malpensa o viale Certosa in un decimo del tempo che occorreva prima; o arrivano ai parcheggi ovest della Fiera, dalla rotonda, in cinque minuti.

Tempo che abbiano imparato il tragitto i camionisti, i furgoni e i TIR, e la strada nuova, nelle ore di punta di mattino e sera, è già una fila ininterrotta di musi contro paraurti, che nella nebbia dei mattini d'inverno si indovina anche dove non si vede già più per il pallore degli anabbaglianti, e nelle sere piovose fuma, emette un vapore da mandria, con un rumore di sottofondo che non senti più finché non cala con il traffico; così che quelli che lavorano nei dintorni sono più infastiditi dal passaggio delle auto quando sono poche, che non dalla costante vibrazione, come un terremoto sotterraneo, che li accompagna per quasi tutto il giorno.

Il traffico s'intasa, passata la rotonda, perché la strada si strozza all'improvviso, passando da due corsie di marcia a una per circa cinque chilometri; sembra di sentire nell'aria le incazzature degli automobilisti, gli scongiuri per i rallentamenti improvvisi, le maledizioni per tutto il tempo perso nelle manovre a passo d'uomo per entrare e uscire dalla rotonda, precedenza a destra ma non troppo, o t'infili veloce o quello dietro ha già la mano sul clacson. Nonostante la strozzatura, però, il tragitto resta il più veloce; così, chi lo sa mette in conto l'inevitabile perdita di tempo, e chi non lo sa è già dentro prima di poter decidere.

Il tratto a due corsie sarà finalmente allargato adesso che l'Expo spazza via tutte le polemiche, con la forza delle decisioni che non si possono più rimandare; Baranzate, intanto, continua a indire consigli comunali e di quartiere pro-interramento della strada, pro-trincea antirumore; Lega Ambiente appende, al di sopra delle teste degli automobilisti, sulle paratie dei ponti sopraelevati, lenzuoli con le scritte «I baranzatesi ne hanno pieni i... polmoni». Il consiglio comunale (Baranzate si è separato da Bollate, di cui era una frazione, da pochi anni, dopo una sentenza favorevole del TAR), intanto, delibera la sistemazione delle strade del centro vecchio con i cubetti di porfido, e il posizionamento di dossi anti-velocità e di autovelox; impone ai commercianti, per l'esposizione delle insegne, la documentazione di impatto paesaggistico a tutela del territorio; spera di poter ritornare a vivere in un Ottocento fasullo, ecologicamente corretto, che annulli la sua vicinanza con i nodi stradali più importanti della Lombardia, non capisce il suo destino di periferia tagliata in due dalla Varesina, e tradisce le sue vecchie case dignitose travestendole da cascine.

Intanto la strada nuova ha sventrato il territorio, ha scoperchiato lotti di terra e una geografia inaspettata di fabbriche dismesse, di orti coltivati dai pensionati, di condomini costruiti negli anni Sessanta per gli operai dell'Alfa, ha dato una zampata su un formicaio di vite nascoste.

Anche le case più brutte, dopo un po' che sono abitate, salvo che abbiano un buono spirito, cioè che, benché brutte, siano state costruite con buone intenzioni, smorzano la loro bruttezza e basta che contino un po' di anni, che abbiano avuto un cortile nel quale abbiano giocato bambini o qualche finestra socchiusa dalla quale siano usciti odori di cucina, e perdono qualsiasi malagrazia.

La provinciale si è inserita nel loro panorama, scorrendo come un fiume in una valle, riportando a galla strati geologici di architetture che agli occhi di chi ci abita sono sorprendentemente facili da datare, adesso che sono state scoperte e sciorinate sulle rive del traffico che scorre. Le prime sono le case monofamiliari più semplici, cubiche, magari con due finestre per lato, il giardino intorno: prima degli anni Sessanta. Ci ha abitato, e ci abita ancora, una padrona di casa che porta il grembiule quando esce in giardino, con un marito che quando è tempo pota i rami dell'albero con la scala di legno appoggiata al tronco.

Poi qualche geometra ha arrischiato la costruzione, anni Settanta, di qualche villa bassa, con il tetto piatto e spesso, scura, marrone o rossiccia; ville con giardini un po' più grandi e la saracinesca del box in un parallelepipedo accanto alla casa, non di rado nello stesso cortile della ditta, la piccola impresa che ha prodotto come primo guadagno la casa stessa.

Queste case sono state accerchiate, già negli stessi anni, complice la raggiunta capacità demografica dei terreni intorno all'Alfa, ormai talmente pieni di casermoni costruiti per gli operai da traboccare come bicchieri troppo pieni verso il territorio circostante, tra le altezze degli otto, nove piani e più dei palazzi delle cooperative rosse e bianche che si spartiscono fraternamente gli appalti. Sono questi palazzi, queste altitudini che caratterizzano il paesaggio; eppure, anche tra di essi, c'è una stratificazione storica: i primi, i più vecchi, hanno rivestimenti a piastrelle, balconi di ferro che permettono l'esposizione di qualche pianta stenta, tende alle finestre e tapparelle vecchiotte; gli ultimi sono dei concentrati di cemento a vista di pessima qualità, tanto che dopo poco già i ferri buttano la ruggine, con balconi senza sfogo, pieni, anche questi di cemento, con finestre alle quali nessuno ha voglia di mettere tende. Questi palazzi hanno una caratteristica unica: quando piove si bagnano. Si rigano cioè di striature d'acqua che imbevono il muro e non si asciugano se non dopo molto che ha smesso di piovere: si ha l'impressione dell'umidità che penetra nei muri interni, senza protezione per quelli che ci abitano. Il senso di desolazione è enorme. Sono le case di via Aquileia a Baranzate, di via Turati a Bollate; un indirizzo che, già quando è dichiarato a scuola, è un marchio di provenienza.

La maestra che ha chiesto ai suoi allievi di disegnare la loro casa, ha ricevuto da una bambina di via Turati il disegno di una griglia grigia e nera di finestre, in mezzo alle quali spuntava un faccino sparuto, quasi invisibile, un puntino a cui mancava niente per essere cancellato. Per fortuna, fuori dalle arcate del parcheggio sotterraneo, nel quale nessuno può entrare perché è sbarrato dalla carcassa bruciata di un'auto, le scritte di un writer si moltiplicano: in uno strano carattere gotico questo qui continua a scrivere sui muri «I love via Turati».

E di fronte, per un tacito accordo, sui muri di confine dell'oratorio sovrappongono a periodi le esposizioni di una strana galleria di arte moderna, i graffiti degli uni e degli altri, i ragazzi dell'oratorio e delle scuole d'arte e gli abitanti dei palazzi.

Non si riesce a capire in quale progressione gli abitanti si adeguino alle caratteristiche delle case che abitano; sono i corridoi paurosi, con solo qualche lampada penzolante, ad attirare spacciatori e diseredati, ed è la coraggiosa opposizione dei condomini che puliscono gli atri e rispettano i giorni di raccolta differenziata a salvare gli spazi? Di sicuro è un fronteggiarsi continuo di legalità e caos, un limite ondivago al quale strenuamente le madri oppongono resistenza per non abbandonarvi i figli, e dove le scuole di frontiera lavorano per non far prendere nel gorgo quelli che poco prima preparano i fiori di carta da attaccare alle finestre e solo qualche anno dopo possono rischiare di morire strafatti su quelle stesse panchine davanti alla scuola.

È dai palazzi alti, comunque, che si vede bene la traiettoria della strada nuova; e fa impressione, quasi paura, pensare a quante vite, a quante facce passano da ogni loro finestra, da quante angolazioni e con quanti diversi stati d'animo è vista in ogni momento questa stessa strada.

Di sera, quando in casa si accende la luce, nei palazzi più curati sulla curva a sud della rotonda capita di vedere tutte accese le lampade incolonnate delle cucine perché naturalmente la disposizione delle stanze è identica in ogni appartamento; per ogni cucina un tipo di lampadario, l'angolo di un tavolo danno la sensazione di un alveare, di un'intimità calda dalla quale il passeggero dell'auto è naturalmente escluso e pure involontariamente ne patisce.

Proseguendo in direzione di Milano, in una delle anse del collegamento verso largo Boccioni, la costruzione più recente è quella del carcere, a parallelepipedi semplici, di colore chiaro, che si offrono in una completa rotazione dei solidi a chi, seguendo la strada, gira praticamente su se stesso; dalla parte dell'ingresso dei visitatori, verso Rho, colpisce lo strano ordine e la pulizia delle finestrelle quadrate; sono quelle delle celle nelle quali vivono le detenute mamme, che tengono con sé i propri bambini. Su alcune fioriscono dei gerani e piantine di basilico.

È molto più inquietante il rudere, dall'altra parte della strada, della ex Motom, una scatola grigia quasi diroccata ma con le parabole alle finestre, ospizio di rom di passaggio e sede di rave party di tono minore, dimessi e straccioni, che si annunciano con cartelli finto ingenui, sul modello di quelli usati per le feste dei bambini: appaiono il giorno prima, «è qui la festa», e giacciono calpestati il giorno dopo, tra le bottiglie di birra vuote.

Da questi passanti indisponenti si protegge il proprietario della cascina in fondo a via Stella Rosa, che si è barricato dietro una trincea militare di pneumatici usati, disposti lungo il lato scoperto della casa; li accumula o li vende, non si sa. Al di là si vedono i granai lombardi con le colonne di mattoni rossi e i tetti di tegole spioventi, tagliati a metà da un tramezzo sopra il quale si faceva asciugare il fieno. Le finestre costruite a griglia per l'areazione, con i mattoni alternati bucati dall'azzurro vivo del cielo, quando è azzurro, per me sono un segno familiare e vogliono dire, senza esitazioni: qui siamo a casa.

Via Turati 40

«Progettato da Guido Canella e Antonio Marescotti nel 1974 e concluso nel 1980, è un'interessante reinterpretazione moderna dell'architettura delle tradizionali cascine lombarde. L'impianto planimetrico, costituito da due corpi in linea paralleli tra di loro, richiama quello degli edifici rurali dove il corpo più alto della residenza si affiancava a quello più basso delle stalle e dei fienili, tutti organizzati attorno all'aia comune.»

Appena terminato, questo immane complesso aveva dalla sua l'aspetto netto e pulito delle cose nuove; già l'imponenza fuori luogo faceva però sospettare una prepotenza, un'indifferenza verso le necessità dei suoi futuri abitanti; ben altra predisposizione da quella clemente, familiare delle corti dei dintorni, nate non prima, ma di conseguenza alle esigenze dei suoi abitanti.

Le case intorno alle aie hanno protetto e tenuto d'occhio i giochi dei bambini, le stalle sono servite da riparo agli animali, le donne dei cortili si spartivano i compiti in un microcosmo socialista; chi usciva all'alba per andare a lavorare nei campi non aveva l'incombenza dei panni da lavare, che si bollivano nell'acqua saponosa della cisterna in cortile; chi guardava i bambini non guardava solo i suoi, ma quelli di tutte, parenti e vicine.

Ricordo l'indignazione di mia madre, maestra elementare, al commento dell'ennesimo direttore scolastico venuto dal Sud che, con in mente l'arretratezza del paese da cui veniva e con la diffusa convinzione per la quale al Nord sono sì più attivi e avanzati, ma che l'amore per la cultura e la capacità di istruirsi è retaggio meridionale, aveva tenuto a precisare che al Sud non tenevano le bestie vicino a casa; lei che ricordava le stalle profumate di fieno, i bambini tenuti alla sera a scartocciare le foglie delle pannocchie con la promessa delle storie che qualcuno avrebbe poi cominciato a raccontare, storie che più erano paurose e più ammutolivano anche i grandi, anche se il finale non era più una sorpresa per nessuno; le sorelle del nonno che ricamavano le tovaglie per l'altare della chiesa, e la più giovane che aveva iniziato a far leggere in corte i libri di una biblioteca circolante; il signor Paolo che tornava a sera con il suo carretto con le stanghe e prima di ogni altra cosa dava la biada al suo cavallo, un baio con un garofano all'orecchio, il quale, quando fu il tempo, morì pochi giorni, quasi poche ore dopo il suo padrone.

Centosessanta appartamenti di edilizia popolare per otto scale su cinque piani, circondati da una palizzata di barre verticali in cemento armato che, vista l'immensa lunghezza perimetrale, hanno da sempre un destino curioso e ridicolo; dato che gli abitanti trovano più comodo avere un varco di passaggio ogni tanto, e non vogliono giustamente farsi il giro degli edifici per uscire dai pochi ingressi previsti, le stanghe vengono abbattute: così uno può uscire direttamente sulla piazza del mercato o sul parcheggio. Infinitamente più comodo, e anche razionale. L'amministrazione comunale, però, invece di ufficializzare quelle uscite clandestine, le richiude sempre, cosicché la palizzata risulta rappezzata dalle reti arancioni provvisorie. La volontà di rinchiudere di chi sta fuori e la voglia di evadere di chi sta dentro è così tangibile che la colgono anche i semplici passanti e genera un'atmosfera tetra, da carcere, per gente indesiderata e in perenne conflitto con l'esterno.

Per questo sono commoventi le piante di basilico sulle finestre, i riquadri colorati di bianco e azzurro (sicuramente contro le intenzioni originarie dell'architetto) intorno a qualche balcone, e soprattutto quelle tende ad anelli verde bandiera che proteggono dal sole, e che pendono davanti ai vetri a vista del civico n. 40 di via Turati come davanti a tante porte delle case di ringhiera.

Intanto il dinosauro, divorato anche dall'interno, perde pezzi e si sgretola.

L'architetto Canella, classe 1931, professore ordinario di Composizione architettonica e urbana al Politecnico di Milano, venuto a conoscenza di un tentativo di riqualificazione dell'area promosso dal comune e dai sindacati dei cinquecento inquilini, ha invocato l'intervento della Soprintendenza ai beni architettonici e ha bloccato per sempre l'area e ogni intervento al suo progetto, a meno che non sia conservativo. Però si propone, gratis, per la riqualificazione del complesso.

Probabilmente è lui che spedisce gruppetti di studenti che, seduti scomodi sui marciapiedi sporchi, fanno schizzi sui loro album da disegno; pare che l'ossatura dei palazzi sia costituita da travi in cemento armato tra le più lunghe mai usate in architettura.

Tra loro ci sarà stato però qualcuno che avrà visto, di fronte ai palazzi, la modesta recinzione prefabbricata del campo da pallone dell'oratorio che viene periodicamente riempita di disegni su cemento, che restano per qualche tempo e poi vengono cancellati, si riprepara una base neutra e si aspettano i nuovi writer; e qualcuno avrà sicuramente notato quelle sconcertanti dichiarazioni d'amore di uno che, rigorosamente in nero, in una specie di contorta gotica francese, si ostina a scrivere «I love via Turati».

(Divagazioni)

Quasi ogni notte esce di casa e va a cercare quei pezzi di città che sembrano bombardati, che con il buio diventano paurosi e ancora più desolati.

Lui però li conosce palmo a palmo, giù dalle strade in basso che percorre calmo rasente ai muri fino al livello superiore dei piani in rovina.

Sente in bocca il sapore acido della paura quando sale i gradini diroccati delle scale su fino alle finestre bucate, fori nudi che inquadrano rettangoli di buio.

Arrivato alle spaventose finestre vuote, si appoggia facendo forza sulle braccia e si sporge all'infuori: le braccia tese cominciano a tremare e i gomiti cedono, ad ogni momento può precipitare. Dondolando verso il vuoto si fa attrarre dalla vertigine; solo il freddo gli rimette in moto l'istinto di sopravvivenza, mentre gocce di sudore gli scorrono lungo i fianchi.

Quanto tempo resiste così sprofondato verso il vuoto? Quando raggiungerà quella linea sottile, alla quale vuole avvicinarsi sempre più, che non è altro che l'impercettibile secondo in cui il suo corpo diventerà all'improvviso troppo pesante da ritirare su, e si trasformerà in un sacco senza valore trascinato solo dal suo peso?

Le lunghe camminate solitarie, gli innumerevoli scalini, corridoi e snodi di collegamento; la solitudine perfetta che acuisce il pensiero, con nelle narici la polvere calda dei calcinacci che si sgretolano, e la liberazione improvvisa, il respiro recuperato fuori al freddo che intiriz-

zisce sulle terrazze cosparse di vetri rotti e ferri ricurvi che spuntano dalle colonne di cemento armato.

Di tanto in tanto, dopo aver camminato a lungo, perde contatto con la realtà; comincia a sentire solo il rumore felpato delle sue suole, lo sfregare dei pantaloni, il suo respiro un po' rauco.

Quando il battito del cuore rimbomba nelle orecchie si chiede se non stia poi sognando; se non è in sogno che si trova a fare passi sempre più lunghi, bassi a terra, come se le sue gambe si allargassero a dismisura e toccasse appena il suolo ad ogni passo, arrivando a una camminata così allungata che è quanto di più vicino al volo possa immaginare, un volo rubato rasoterra.

Si beve chilometri veri e chilometri immaginari in quel paesaggio stralunato, con improvvisi risvegli in cui si ritrova stranito, chiuso nella sua giacca, su quel terreno battuto da un incomprensibile bombardamento. Gli sembra di essere entrato nei paesaggi tridimensionali del videogioco che lo ha impegnato per ore la stagione precedente, di essere il giullare che corre come una marionetta meccanica passando da un paesaggio all'altro, dal deserto al ghiaccio trascinato solo da una corsa a ostacoli.

O Mowgli, che è entrato nella tana soffocante del cobra cieco, custode dei tesori dei re; ritornerà mai in superficie, dove comincerà la sua corsa di primavera?

Lo zaino con gli spray gli pesa, la cinghia gli taglia la spalla e nei salti più lunghi il peso lo sbilancia e gli fa temere davvero di cadere male; la borsa lo colpisce dolorosamente sulla coscia a ogni ritorno di posizione. Nei salti più pericolosi lo zaino con il suo peso è il peggior nemico del suo equilibrio.

Si ferma e con i palmi delle mani si chiude il cappuccio della felpa intorno alle guance; si asciuga le gocce di sudore dal labbro.

Pensa ai suoi film preferiti; ha visto con stupore il suo passo da sogno usato dai guerrieri dei film giapponesi, quando salgono senza nessuna fatica sui tetti a canne delle case, o quando passano da un albero all'altro, a un'immensa altezza da terra; è Donnie Darko che guarda la sua amica addormentata sulla poltrona del cinema e abbassa il cappuccio mentre parte per appiccare l'incendio; è Granpasso, con gli stivali alti di daino, Aragorn il re che arriva avvolto nel mantello verde; ha i suoi occhi chiari e acuti, e affonda nelle felci e nell'erba alta delle foreste più scure.

Anche lui è in cerca; del muro più alto e più libero sul quale preparare i suoi fondi, un muro perfetto al quale far bere le sue lettere rigonfie, che si imbeva del suo personale alfabeto con i lampi neri e le gocce rosse, che abbia sete e fame dei suoi colori pastosi.

Non era mai certo (e con il passare del tempo e il dilatarsi dei suoi vagabondaggi in tempo e spazi era sempre peggio) di essere sveglio o addormentato. Si riscuoteva all'improvviso e si rialzava da un angolo; quindi aveva dormito. Sognava di fare l'orso, buttandosi da parete a parete a spallate; o era il lupo, accucciandosi prima di slanciarsi a salire i gradini di metallo di qualche scala, con tutti i sensi allertati, appiattendosi dietro ai camini diroccati.

Sa che vicino a lui ci sono altri fantasmi che corrono i loro parcours; sono i solitari che avvolgono ed eliminano ogni ostacolo con le loro acrobazie, incollandosi veloci ai muri e saltando le cancellate.

Ne conosce qualcuno; i loro salti qualche volta lo fanno trasalire; nel buio si incontrano e si lasciano con saluti muti.

Talvolta l'unico segnale del tempo passato nel suo speciale dormiveglia è il cambiamento quasi impercettibile della luce; è così sensibile alle sfumature del tempo che è in grado di capire l'ora dallo schiarirsi delle ombre, dal grado di liquidità del blu nell'aria. È divertito da questa capacità animale accresciuta, una prova in più della sua appartenenza a quel posto. Di quei colori e di quegli odori tra notturni e mattutini sa poi la sua scrittura; annusava le lettere che colorava come annusava lo straccio in cucina, che sapeva di risciacquatura dei piatti; magari in bilico sui tetti ricurvi dei capannoni, aggrappato al muro che sta colorando, con le sneakers che slittano di colpo sulle coperture di amianto annerito.

Incontrava qualche raro abitante dei luoghi, qualche viandante che aveva l'aria ottusa e stupita dei pesci che navigano nelle acque profonde. Si vede ogni tanto girare una vecchia Renault blu con a bordo due ragazze, quella alla guida che raccoglie i capelli dritti con uno stecco infilato sulla nuca, con bracciali e tatuaggi sopra i gomiti; l'altra quasi sempre fuma nervosa, gli occhi aguzzi e la faccia patita, sposta lo sguardo continuamente dal parabrezza al retrovisore.

   Le piazze d'incontro sono segnate dai falò accesi nei bidoni arrugginiti: i frequentatori del posto si dividono in cacciatori e prede, ma spesso passano per metamorfosi da uno stato all'altro.

Ancora su via Turati 40

Sotto al transatlantico incagliato, rovinosamente attraccato nel mezzo della città, fermo lì ad arrugginire con a bordo i suoi abitanti in quarantena, c'erano, prima dell'esproprio, le ortaglie del Tosi, nate intorno agli anni Venti; erano campi coltivati così vasti da richiedere il lavoro di decine di ragazze, che venivano anche dal Veneto e dal Friuli, nella stagione da marzo a San Martino. Stavano come in un collegio nella casa Vanotti, sulla piazza San Francesco. Alla domenica, le bambine dell'oratorio portavano anche nella casa grande i giornali della buona stampa, e raccontavano di quelle ragazze che in sottoveste di lino ricamata e coi capelli bagnati avvolti negli asciugamani rifacevano i letti e ridevano, parlando tra loro in quei dialetti nuovi.

Certo sui campi si sarebbe comunque dovuto costruire, con la fame di case di là da venire; ma che una giunta socialista, presa dalla frenesia di un'onnipotenza edile, desse l'incarico di seppellire il cuore verde, ortolano del paese sotto un peso insopportabile fu un vero sfregio.

È stato il tempo del disimpegno civile, che ha fatto dimenticare le ragioni della nascita delle cooperative di consumo nei primi anni del secolo, e poi delle cooperative edificatrici degli anni Cinquanta, sia cattoliche che socialiste; negli anni Ottanta siamo stati capaci solo di subire le scelte di sindaci e assessori affaristi per il proprio interesse, per di più venuti da fuori. Non poteva nascere niente di buono dal clima di disinteresse morale di allora.

Sul sito Visita Milano («Lots of places to enjoy») il complesso IACP (ma perché in inglese? fa il paio con centralino del comune che risponde, e non risponde, oltre che in italiano anche in inglese e in francese) dopo il solito parallelo con lo stile delle cascine lombarde, avverte in Notes che il complesso «can be viewed only from the outside». Avvertimento felicemente reso meglio comprensibile a chi volesse entrare dalla presenza della solita carcassa d'auto incendiata lasciata a monito all'ingresso dei box.

(Divagazioni 2)

Ho sempre amato l'atmosfera speciale delle palestre, la quiete ovattata in cui i suoni sono distanti come durante le nevicate; mi piacciono l'odore di plastica del linoleum e gli odori lussuosi degli attrezzi di legno, così lucidi e lisci. Al mattino, nelle ore di ginnastica, vedevamo dai finestroni a quadri le chiome degli alberi all'esterno ondeggiare senza rumore; alla sera, finiti gli allenamenti, gli ultimi uscivano e le luci si spegnevano una fila dopo l'altra, mentre nel soffitto alto resta un odore da cattedrale; le palestre per me sono luoghi sicuri, nei quali non può succedere niente di brutto.

L'altra sera ci sono capitato per caso, partita di campionato Ardor-X, 68 a 70, c'erano tutti ma non avevo una gran voglia di parlare, mi sono seduto in disparte sui gradoni di cemento e all'improvviso mi sono ricordato di te, di te non come sei, ma di com'eri allora.

Alle due venivo ad aspettarti all'uscita della scuola; chiaro, non per accompagnarti e parlarti come sarebbe stato naturale, come capitava a tanti. Io ti guardavo da lontano, non avevo il coraggio di fare di più; ti covavo con lo sguardo, ti avrei voluto tenere nascosta agli occhi degli altri maschi della scuola. Contavo su quell'aspetto un po' pallido e sbattuto che qualche volta avevi, con il naso e gli occhi da raffreddore; contavo sull'esiguità ancora infantile delle tue forme, sulla quasi inesistenza di tette e altre curve, argomento di gran valore presso i miei coetanei. Stavo a guardarti senza darlo a vedere, e, obbligato a schivare gli sguardi, ne ricavavo delle istantanee sfolgoranti che poi ricostruivo con calma, alla sera, disteso sul mio letto.

Da lontano sembravi alta e bruna, le ginocchia magre sotto l'orlo della gonna e le ballerine un po' consunte sulla punta; più da vicino cambiavi, e sembravi più piccola e chiara, sottile, con una gran massa di capelli castani, la bocca così morbida. Cosa avrei dato per carpire qualcosa delle frasi spezzate che scambiavi con le altre, lì ferma in mezzo alla strada tra la massa di studenti che sciamavano da scuola; e pensare che talvolta le tue amiche nemmeno ti ascoltavano, tutte tanto più chiassose e indaffarate. E io, che non avrei lasciato cadere una parola, restavo lontano e ti vedevo come dietro un velo, una parete liquida e fluttuante come quella che il calore alza dall'asfalto.

La borsa a tracolla, il passo incerto da giraffina; mi sembrava quasi di vedere le unghie mangiate delle dita delicate che scostavano i capelli, e quell'incredibile biancore nello scollo della camicia mi accecava.

Fino a che quella sera in palestra mi sono seduto proprio dietro a te, e quasi non me ne accorgevo.

Sempre una partita di pallacanestro, sempre l'Ardor e le grida scandite dell'arbitro, lo stridìo delle scarpe dei giocatori e quell'atmosfera da acquario che circonda qualche volta queste partite; tutti fermi e poi all'improvviso si riparte per l'altra parte del campo, passi, fallo; il pallone sbatte sul tabellone e rimbalza, piomba nella rete.

I tuoi capelli sono raccolti in un elastichino stretto, ma è come se li stringessi io dolcemente con la mia mano; il color miele è rigato dalle striature più scure, raggi che si raccolgono sulla nuca. La coda sussulta quando giri la testa. Cambia il gioco, chi esce dà il cinque a chi entra, il nostro pivot si rialza le calze e passa le mani nell'elastico dei pantaloncini. Le toglierei il cordino e le rifarei la coda, passandole le dita dalla fronte alla nuca, come a una bambina piccola, le ravvierei i capelli e sentirei il fresco umido che c'è dove sono più folti. Dovrebbe tenere indietro la testa e resistere un po' alle mie mani che la pettinano; i capelli più chiari, quelli corti e leggeri sulla fronte, non li potrei certo trattenere, scapperebbero via; e anche quelli sulla nuca dovrei lasciarli liberi, lì sul collo, dove probabilmente la pelle sa ancora di borotalco.

Tu segui seria la partita, con quella severità che metti in tutte le cose; solo quel codino troppo corto, da animaletto dei boschi, guizza spiritoso.

Così, quando all'improvviso ti sei girata e mi hai parlato, ho sentito solo la tua voce da bambina, che comincia sempre con un'esitazione tutta particolare, come se ti fossi appena svegliata; ero di ghiaccio, sapevo di non poter contemporaneamente guardarti e capire cosa mi stessi dicendo. Per questo ho fatto la figura dello stordito, mentre la tua amica già ridacchiava un po' stupida. Sono ricorso a una specie di registrazione interna che ho riavvolto nella mente per riuscire a capire cosa mi avevi detto. Certo che posso fare il giro lungo quando andiamo via, così sali con me a prendere il libro nell'armadietto. Con le orecchie in fiamme, capii che perlomeno avevo recuperato la voce per risponderti, dato che incredibilmente tu, così seria e luminosa, salisti dallo scalino su cui eri seduta per venire accanto a me.

Guardando la raffineria del Pero, che era dove ora c'è la Fiera di Rho

Ho un ricordo che proviene dal profondo della mia infanzia. Dalla finestra della mia camera, che ha un'intelaiatura bianca di legno, particolare, perché ha nella parte bassa un'apertura a wasistas e anche un sottofinestra che mi permette di restare seduta, vedo un panorama metropolitano che piacerebbe a pochi. Dalla finestra, alta, altissima perché siamo al nono piano, vedo quindi, al di sopra dei tetti e sprofondata in una lontananza che mi ricordo sempre al tramonto, la raffineria del Pero, tre o quattro ciminiere di cemento grigie fino a una certa altezza e poi ad anelli verniciati rossi e bianchi, e una, la più alta, con una fiamma perenne in cima, una specie di fuoco fatuo.

Non ho nessuna coscienza di assistere a un processo mefitico, inquinante; è il quadro incastonato per sempre in questo nome strano, unico paese della zona che pretende l'articolo e il maschile, per di più vicino a quell'altro paese che in sole tre lettere inserisce una h, un'incongruenza misteriosa per una che sta imparando a leggere, un segnale di stranezza e peculiarità a cui nessun adulto sembra dare peso e che invece a un bambino dà l'impressione di una cifra misteriosa, di un messaggio da interpretare.

Qui devo spiegare che questa visione ha la strana capacità di avvicinarsi e allontanarsi nel mio cervello come se la guardassi con un cannocchiale, ma potessi usarlo anche con le lenti rovesciate riuscendo insomma ad avvicinarla e ad allontanarla come voglio, non solo dalla mia vista, ma anche dalle mie orecchie, perché certe volte ho l'impressione di sentire il rombo della fiamma che brucia come se mi ci stessi avvicinando precipitosamente; altre volte, i fuochi sono lontani e del tutto silenziosi, risospinti all'indietro rispetto ai miei sensi, occhi e udito.

Ho l'impressione di assistere a uno spettacolo magnifico, imponente; le torri sono immerse in una nebbiolina grigiastra che di giorno rende quasi invisibile la fiamma; quando viene sera, soprattutto se il tramonto è uno di quelli con le nubi disposte in orizzontale, striate di rosso, la fiamma risalta sempre di più e mi ipnotizza. Ho un umore languido, quasi sull'orlo del sonno tanta è la tranquillità che mi invade, una pace perfetta che cade come una goccia condensata d'ambra dalla mia infanzia più serena.

Le luci dell'impianto si cominciano ad accendere proprio nel momento in cui anche sforzando gli occhi non riuscirei più a vedere, brillano come palloni luminosi senza contorni a collana sulle impalcature. Nel silenzio mi sembra di poter sentire dei tonfi e degli stridii metallici, di macchine alacremente al lavoro, che producono caldo ed energia.

Mi ricordo che, tra la veglia e il sonno, ho immaginato che le due torri fossero due dita nere tese nel cielo con il resto della mano nascosto sotto terra, una mano da gigante fermo lì da tempo immemorabile, ma forse non per sempre.

In uno dei miei crepuscoli dedicati alla contemplazione, sto guardando le ciminiere e ho una visione, non saprei come spiegarmela in un altro modo, forse una premonizione di quello che sarebbe accaduto poco dopo: in questo tramonto rosa carico io vedo, sono sicura di vedere una casa all'orizzonte, senza soluzione con il solito paesaggio né spiegazione per il fatto che non l'ho mai vista prima e che non ha agganci nella prospettiva della raffineria. È una casa bassa di mattoni, a un piano; all'improvviso scoppia, gonfiata dall'interno da una pressione incontenibile, il tetto si alza, i mattoni si allargano, le finestre esplodono. Una forza insopprimibile la distrugge dall'interno; io sono come trasportata ad alta velocità vicino alla scena, anche se non mi muovo da dove sono.

La casa si gonfia e scoppia senza nessun rumore e finora posso ancora pensare di aver sognato; senonché cominciamo a sentire le sirene dei pompieri (le sente anche la mamma dalla cucina, mentre prepara la cena, e quindi sono vere); ma tutto è ridiventato invisibile.

L'orto del pastore

È calabrese d'origine e d'accento: tiene sempre la voce troppo alta e così sembra sempre che ce l'abbia con qualcuno. «Sent 'me 'l vusa», dice il capofficina, andandogli incontro.

Ha comprato una Panda 4 × 4 per fare il chilometro scarso che separa il suo orto dalla Varesina, una strada sterrata che s'infila in una siepe di lauro robusta, tutt'intorno a uno degli orti più grandi e curati. Parla volentieri, e toglie parlando la coppola, con una cortesia da meridionale signore.

Una volta ha raccontato che, da piccolo (e intendeva a sette-otto anni), faceva il pastore sulle sue montagne aspre: che vuol dire che stava da solo tutto il giorno, e molte volte anche la notte, dormendo nelle stalle con le pecore e i cani.

Dopo un po', era proprietario delle pecore; aveva tentato di venderle senza il mediatore, al mercato, e nessuno gliele aveva comprate, anche se erano le meglio tenute e a giusto prezzo.

Poi, rassegnato, aveva chiamato il compare e aveva vendute tutte le pecore ancora prima di arrivare in piazza; già da piccolo aveva imparato come gira il mondo, quando aveva deciso di venire al Nord.

Da pensionato dell'Alfa, e fa fatica pensare che ha lavorato al chiuso a una catena di montaggio, si è votato alla cura del suo orto, dove adesso passa gran parte del suo tempo.

In questi giorni, come in ogni primavera, gli orti scoppiano ai lati della strada con i fiori bianchi o rosa degli alberi da frutta e sono irti dei pali di sostegno preparati per i rampicanti. In ogni orto si possono vedere quasi sempre le stesse cose: un casotto per gli attrezzi, che però per il coltivatore improvvisato è anche un rifugio, magari con tavolo e sedie; i fusti per la raccolta dell'acqua piovana, fino a qualche tempo fa di ferro arrugginito, ora spesso di plastica blu; coperture improvvisate (ogni tanto anche qualche pezzo di eternit ondulato e ingiallito), pezzi di legno e fascine di rami. Una vera sequenza di variazioni sul tema; gli stessi materiali, disposti con ordine o accatastati come cumuli di rifiuti, con le stesse tonalità di colori.

Guardi dalla macchina, e la scacchiera dai toni neutri ti accompagna per gran parte del viaggio. Quale passione faccia accorrere in questi appezzamenti gente che lavora abitualmente in fabbrica o negli stabilimenti in zona è difficile da indovinare: un richiamo dell'anima alle radici primordiali, la voglia di recuperare l'umana capacità di far fruttificare la terra, la soddisfazione infantile di mangiare e mantenersi con quello che ci si è coltivati da soli; ma non dev'essere ancora tutto.

Gli orti dei dintorni sono appezzamenti di terreno dei quali hanno preso possesso, abusivamente o no, pensionati o dopolavoristi, tutti di sesso maschile; alcuni sono prolungamenti dei giardini di case monofamiliari che, costruite negli anni Sessanta, erano quasi case di villeggiatura, immerse nel verde; altri sono angoli e scampoli di terra fatti fiorire e fruttificare quasi a forza, si direbbe, da contadini improvvisati.

Il fatto che sia frequentissimo vedere vicino alle strade e superstrade di Lombardia, incuneati in ogni triangolo libero, questi scampoli di coltivazione forzata è quasi un mistero; più che dal bisogno di ricavare verdure e frutta a basso costo, sembrano nati come oasi di lavoro e di meditazione sistemate contro ogni logica proprio nei posti più inadatti.

Il suo orto, invece, quasi non si vede, perché è recintato da una folta siepe di lauro, e già questo dice che è di proprietà, tenuto nascosto alla vista degli automobilisti, più protetto e curato. All'inizio, quando ha cominciato a vangare, è rimasto stupito dalla terra buona della zona, così grassa e bruna, irrigata anche da lontano dagli innumerevoli fontanili; lui che ha nella memoria le zolle secche e l'asciutto perenne della sua terra, per quanto anch'essa produttrice di dolcezze inaspettate.

E la gente di qui che non fa altro che spartirsi i terreni e costruirci case, anzi, ancora prima officine e stabilimenti; e al limite, la casa al secondo piano, così sei già al lavoro ancora prima di svegliarti.

I suoi rettangoli seminati sono divisi da sentieri dritti; su ognuno è infilzata la busta delle sementi, qualcuna scolorita dal sole e dalla pioggia, sollevata dai colpi di vento; l'impianto di irrigazione è un tubo di plastica nero che corre lungo il perimetro delle coltivazioni, alzato dove occorre con dei legacci rudimentali.

Sul lato in muratura si appoggia una vite, ancora spoglia, e un arbusto di nocciolo che comincia a gettare le prime foglie ricoperte di peluria ispida; questo lato, con il muro a secco scrostato a furia di reggere le fioriture della vite, ricorda anche a me un paesaggio del Sud; è così denso di rimandi, che credo di non sbagliare a pensare che si tratta di una ricostruzione di un quadro, un ricordo della sua infanzia meridionale.

Lui viene all'orto ogni volta che può, quando il tempo lo

permette; racconta che, per quanto buone e sane, la sua famiglia non ne vuole più sapere delle verdure e della frutta che lui coltiva (perfino delle ciliegie!; scuote la testa) perché naturalmente la produzione è ciclica, regolata dalla stagione.

Così per settimane non si sa più dove mettere e come mangiare tutta l'insalata che cresce; poi, d'estate, tocca ai pomodori, che vengono regalati ai figli, a tutti i parenti, ai vicini, senza considerare che sua moglie non ne può più di preparare la conserva, con bollitura di bottiglie e odore per la casa; odore che poi dura giorni. E lui si è già accorto che, forse più di una volta, lei ha buttato le sue verdure, che marciscono in fretta perché non sono trattate, e ha dato ai nipotini l'insalata già lavata dell'Esselunga.

Si vede che l'ha consolato il fatto che la moglie, scoperta, è rimasta peggio di lui, dispiaciuta di averlo offeso.

Così, quando l'anno passato le ciliegie si sono rovinate già sull'albero per tutta la pioggia che è venuta, non ha nemmeno cacciato via gli uccelli che se le sono venute a beccare.

Me lo vedo che cammina lento tra i suoi vialetti geometrici, e in questa stagione guarderà i fiori candidi del ciliegio, che fioriscono direttamente sui rami neri e contorti, prima che l'albero cominci a riempirsi la chioma con le foglioline nuove, di un verde acido; è il tempo delle fioriture precoci, dell'attesa da Quaresima dei giorni gelidi alternati a quelli ventosi, prima della gloria delle fioriture piene di aprile. È lo spettacolo che si prepara per chi passa in auto tutti i giorni e ha ancora gli occhi per vedere, da una posizione privilegiata, così sopraelevata sulla distesa degli orti, il cielo mosso e freddo e gli alberi spruzzati di fiori che sembrano una polvere bianca e verde, più densa alla base dei rami.

L'orto del ciclista

Gira sempre in bicicletta, una vecchia bicicletta, sulla quale sta come se fosse seduto su una sedia, con le braccia e i gomiti un po' discosti, il che gli dà un'andatura imperiale, maestosa; anche perché non va mai di fretta, ma anzi piuttosto lentamente. Ha una capigliatura eccezionale; molto folta, tutta bianca; ha la pelle robusta e rovinata di chi sta molto all'aperto, la barba quasi sempre un po' troppo lunga, questa sì dura, in contrasto con i capelli setosi da ragazzo che qualche volta gli cadono anche sulla fronte. Ha la mascella un po' sporgente, come se si mordesse il labbro superiore con i denti, che gli dà un aspetto da zuccone, che non è.

D'estate porta una canottiera a coste, di colore indefinito, sotto la camicia aperta a maniche corte; d'inverno non l'ho mai visto con qualcosa di più che una giacca a grossi quadri rossi e neri, genere boscaiolo nordamericano.

Di lavoro posa le pietre di selce irregolare che si vedono nei vialetti di tante ville e villette dei nostri dintorni; le accosta a suo gusto, con una mano unica, a quanto dicono, rispettando le forme irregolari e componendo un mosaico di sassi; poi, con il suo innaffiatoio incrostato del cemento già usato, le annega con l'acqua o una mistura di calce, lascia asciugare ma non troppo, così da tenere morbidi gli interstizi. Poi prende un ferro ricurvo, che sembra un tondino da cemento armato arrugginito, e incide un solco tutt'intorno alle pietre di selce; con precisione e calma, con un'abilità che lo distingue dai soliti manovali delle imprese. Non è veloce, e ogni tanto parla da solo, sottovoce, con lo stesso tono con il quale parla ai suoi cani, cinque, che sono i suoi compagni di vita. È chiaro che il suo lavoro è incerto, stagionale; ci si mantiene a stento, dipende in tutto dall'impresario che lo manda a chiamare.

Viveva in un capanno al di là della rotonda di Novate, tra una roggia e una ditta di trafilati, nascosto sotto le robinie; da poco, il proprietario dell'impresa edile che gli dà lavoro gli ha montato un prefabbricato lì vicino, con la corrente e forse l'acqua, con la scusa di fargli fare da custode ai materiali che gli lascia sul terreno accanto.

Quando finisce un lavoro, gli abitanti della casa lo conoscono e lo apprezzano per la sua abilità manuale e la sua dolcezza di carattere; a qualcuno che se lo merita racconta l'affetto che ha per i suoi cani, e domanda che gli mettano da parte per loro il pane secco avanzato, oppure suona il campanello per chiedere di poter raccogliere i funghi che spuntano nei prati e sui tronchi tagliati degli alberi, che noi schizzinosi e sospettosi certo non mangiamo mai.

Quando per un po' è stato assente dal lavoro, abbiamo saputo che alla fine era successo, come si poteva prevedere, che un automobilista l'aveva sbattuto fuori strada, lui e la sua bicicletta, e che era all'ospedale con un bel taglio in testa; questo raccontato dal suo capo, altro vecchio dalla testa bianca ma con un dichiarato fiuto per qualsiasi affare edile, un muratore che a un certo punto non ha più fatto caso alle sue mani rovinate dalla calce, si è trovato a discutere con i geometri del comune e a dare consigli anche agli ingegneri pivelli che ora sono suoi stipendiati: il quale con un tono indifferente ci dice che alla fine è lui che è andato a trovarlo all'ospedale, perché il vecchio «non ha nessuno» e qualcuno doveva pur parlare con «il professore» per le cure.

Questo vecchio, quando hanno cominciato a squartare il sottobosco vicino a lui per procurare spazio alla strada, ha guardato e aspettato; non ha pensato alla distruzione del disboscamento, perché sa che in Lombardia basta lasciare un terreno incolto perché ci spuntino le robinie, e un mattino, quando si era arrivati al momento in cui tutto è fermo perché si aspetta solo di coprire l'ultimo pezzo di asfalto, con la sua bicicletta è arrivato fino in fondo, passando nei cantieri aperti, alla Fiera. Lui che lavora su pietre e viali, ha percorso la strada con il rispetto che sa di dovere a chi ha fatto un'impresa, ha guardato con occhi da collega ogni operaio che sventolava una bandiera arancione o che stava inerpicato alla guida delle scavatrici.

È arrivato e ha visto con i suoi occhi nuovi la bellezza degli impianti ancora disabitati, è rimasto a guardare le prove di illuminazione del grande vortice di vetro e d'acciaio che risucchia i bordi dei tetti verso gli specchi d'acqua; quasi mi dispiace che ammiri così tanto l'architetto presuntuoso, che certo non ha lavorato per i suoi occhi, per il suo giudizio, che invece è così ingenuo e disinteressato. Ma quelli che gli sono piaciuti di più sono i grattacieli storti, che sono poi gli alberghi di fonte all'entrata ovest, così neri e bislacchi, con le finestre, storte anche quelle, illuminate da una soffusa luce arancione, costruiti contro la legge di gravità con un'ironia originale che certo non colpirà rappresentanti di commercio e titolari di aziende che vi si fermeranno; ma che hanno trovato un fratello spirituale, un sincero estimatore in questo improbabile abitante della rotonda.

Chiese

Quando il brutto viene dalla Bergamasca, il temporale si sgonfia in aria e vento; quando viene da Senago, il nero porta fulmini e grandine, e se anche non siamo più ai tempi in cui lo sterminio dei raccolti significava fame e carestia, la tempesta viene in un clima da tregenda, con gli alberi piegati a terra agli orli dei campi, i vetri sbattuti e infranti tra le case. Restano come sentinelle bonarie i tre campanili a risentire del vento in alta quota che, quando le campane ancora suonavano davvero, faceva loro emettere gemiti disordinati ma senza paura.

Le nostre chiese sono tre, e quando capitano questi temporali furiosi la pianura è devastata nella sua conca tra le montagne lontanissime, sulle quali magari c'è il sole, indifferenti alla furia che ci abbatte, ma queste tre costruzioni sono incrollabili come baluardi.

La chiesa grande è una chiesona dalla facciata piatta, gialla, come tante chiese seicentesche che si vedono nei paesi intorno, quei paesi che finiscono tutti con il suffisso longobardo in -ate, e ha una bella piazza di cubetti di porfido a raggiera e sei magnolie, tre per parte, dalle foglie scurissime e carnose. Una volta dentro era cupa, i basamenti delle mezze colonne di un colore verde alabastro e nero, le cappelle laterali buie, fino al trionfo del nero e argento barocco della cappella nel braccio destro, la parte degli uomini, con tutti gli ardori e le morbosità funeree settecentesche, fino al culmine della teca che contiene ossa e teschi, contrapposta alla cappella del braccio sinistro, la parte delle donne secondo le tradizioni contadine; in questa c'è la statua rilucente di dorature della Madonna, sotto l'affresco apocalittico della Vergine che schiaccia la testa al dragone con le spire verdi e rossicce, enorme. Adesso invece ha il tono uniforme e piatto esito del restauro, ed è certo più accogliente; hanno illuminato anche il campanile, che proprio non ne aveva bisogno, con luci al neon che non c'entrano niente con la sua natura originaria, paesana e campestre, e che lo riducono a un intreccio bianco e arancio di linee verticali e orizzontali.

Questa è la chiesa delle cerimonie ufficiali, dei battesimi, matrimoni e funerali.

La chiesa di Madonna in Campagna è minima, quasi solo l'altare con la statua della Madonna di Lourdes, ed è la cappella delle feste dei contadini, della porta aperta sulla piazza così che si passa senza ulteriori cerimonie dal lastricato esterno alle panche di legno con la targhetta delle famiglie che le hanno donate, delle nevicate che la seppelliscono per entusiasmare i pittori principianti che in questo modo dispongono del loro giocattolo da ritrarre. Ma la sua anima vera è quella di granaio in rovina, di grotta fresca nelle estati roventi, di piccolissimo guscio che risuona delle litanie lauretane nelle sere del rosario, di obitorio pietoso quando accolse i cadaveri della strage della Vignetta del 1945, allorché gli americani (proprio loro, non i tedeschi) bombardarono per sbaglio il treno dei pendolari, riducendoli a salme avvolte in lenzuoli e coperte, borse e scarpe scompagnate ai loro piedi, per sempre morti nelle foto color seppia, così tanti che riempivano il pavimento, solo qualche corridoio lasciato per i parenti coi fazzoletti sulla bocca e il prete curvo, nero, che passava a benedire.

A questa chiesa, dato che rovinarla costruendo qualcosa era impossibile, hanno fatto il deserto intorno; distrutti i filari di alberi che le stavano addosso, con le migliori intenzioni hanno spianato la piazza che adesso è enorme, senza ripari, assolutamente sproporzionata, e ai piedi delle case nuove che hanno costruito, sotto una tettoia di ferro con negozi sfitti, l'unica che prospera è una sala di scommesse con il pavimento coperto di cartacce che alla fine della giornata invadono il selciato.

Dietro il vetro, in piena vista, i monitor bluastri delle corse dei cavalli e i led scorrevoli con i risultati in tempo reale.

La mia chiesa però è quella di San Giuseppe, nata con il quartiere alla fine degli anni Cinquanta, che è una chiesa pazza, con il campanile che sembra la scala dei pompieri tesa verso l'alto, leggera e aerea come le piccole campane, forse solo due, con la ruota a ingranaggi che le muove, tutto in piena vista, bianco e ottone. Una chiesa incompresa, a una sola navata, piantata come un capannone prefabbricato in mezzo ai campi e alle case di un quartiere che cresceva con lei; alta e vuota, con un gran portone di ottone diventato verde con il tempo, a feritoie scolpite, non piazzato secondo le regole in mezzo alla facciata ma spostato a destra.

Una chiesa che ha attirato oltraggi e vendette; alla porta che lasciava troppo vuoto sulla sinistra, hanno contrapposto un mosaico infantile, incastrato nella parete, con un san Giuseppe falegname fatto da una mano e una Madonna fatta da un'altra, con un manto azzurrino che è una caricatura del blu lapislazzuli di certe Maestà, e non contenti l'hanno illuminato con una lampada sporgente da distributore di benzina, mentre alla croce di ottone, sottilissima, sulla facciata, hanno incorporato un neon blu da insegna di motel da periferia americana.

Incompresa nella sua modernità dagli abitanti delle case circostanti, è sempre stata malvista anche dal clero officiante. Chi aveva pensato di costruire un soppalco interno per dimezzare l'altezza eccessiva della navata. Chi ha effettivamente sostituito i vetri colorati di una poetica cornice forata sulla parete con il vetrocemento. Un panneggio di velluto verde chiaro dietro l'altare, illuminato dall'alto grazie a un'apertura nascosta, creava un'isola di luce nella quale baluginavano piano le pietre dure, rosse verdi e blu, opache, di una croce quasi barbara; adesso l'ha sostituito una boiserie di legno scuro, tutta onde e crocette, e dei mezzibusti di santi lucidi e giallastri.

Eppure questa è stata la chiesa agreste, piena di rimbombi e vuoti d'aria, che ci ha guardati vivere e giocare nei nostri primi anni, l'ultima costruzione prima di un'estensione di campi che noi pensavamo infinita dietro di lei, il confine del mondo civilizzato per chi andava in bicicletta Graziella, magari in due, una in piedi sul portapacchi, inseguite dalle bici da cross con le sparagrane, tutti a cercare il mais per le munizioni nei campi lì dietro. Prima ancora dei filari delle pannocchie con le foglie fibrose, durissime da spezzare, sempre con la paura che arrivasse il contadino (ma ci sarà stato davvero, poi?), c'era una vegetazione tagliente come quella che cresce spontanea nei cantieri abbandonati, e ortiche a macchie folte, con gli ingannevoli fiorellini viola, pronte a marchiare chi sconfinava e chi voleva mettere al riparo certi misteriosi incontri. Ricordo ancora il pianto sconsolato di una ragazzina, troppo disperato e grave per essere stato provocato solo dalla rosa di punture brucianti che le si aprivano sulle gambe, che aveva lasciato in noi più piccole un senso di sconforto incomprensibile, una voglia di piangere anche noi per qualcosa che sembrava rimorso e disillusione, un mistero del campo nel quale tutte saremmo state sole e abbandonate, se ci fossimo entrate.

E che spaesamento, che senso di universo rovesciato, l'unica chiesa che si lasciava vedere, da dietro, un muro continuo con una serie di vetrate così in alto che dovevi sdraiarti nell'erba per guardarle, la chiesa che può girare su stessa e a cui puoi girare intorno.

Lì andavamo le sere del mese di maggio, la scuola stava per finire, e noi già ci affacciavamo all'orlo della libertà; fuori tutto il pomeriggio, le cene sul balcone ancora con il chiaro, poi ancora fuori con gli amici del cortile, prima in chiesa e poi a giocare fino a buio, giornate lunghissime dal tempo dilatato, solo settimane senza niente da fare. In fondo alla strada la chiesa silenziosa sembrava un ologramma dietro il quale cambiava solo lo sfondo, il cielo incolore e accecante delle mattine e dei pomeriggi di giugno e luglio, il blu copiativo delle notti calde, sempre col bel tempo, forse qualche temporale violento verde acqua, i rami degli alberi che guizzavano come alghe, ma altrimenti sempre ferma nella sua immagine di chiesa estiva.

Prostitute

A lato della curva, sullo sterrato, se ne stanno quattro o cinque uomini vicino a un camion scoperto carico di cassette di arance e di alberelli di agrumi in vasi di terracotta; parlano, servono i clienti di passaggio, per la maggior parte del tempo stanno seduti su una panca di legno provvisoria che, all'ombra degli alberi della costa e con le file schierate degli agrumi in vaso, riproduce quelle di pietra della piazza di qualche paese meridionale. Chiacchierano, ridono; e fanno la cortesia di qualche parola anche a quelle ragazze che vengono buttate sulla strada a tornate regolari, una volta nigeriane, una volta dell'Est.

Con le puntine, sui tronchi degli alberi, vengono fissati diversi avvisi, scritti con lo spray rosso su fondi di scatola di cartone: – Arance rosse anche vaniglia – – Cipolle di Tropea – – p.f. tenere pulito e in ordine –. Questo a beneficio delle stesse ragazze, che esercitando lì dietro su un materasso nascosto negli intervalli si fermano poi nei pressi.

Le meno disadattate sembrano le ragazze di colore, forse perché dissimulano meglio l'età grazie a una certa naturale sfrontatezza, una sicurezza sfacciata nell'esposizione dei loro corpi ben piazzati, delle gambe lunghe e delle cosce grosse; colorate, pettinate, i capelli leonini, stivali bianchi e minigonne inesistenti; capaci di difendersi, si spera, se necessario.

Quando cambia il turno, arrivano quelle dell'Est; basterebbe un niente, e potrebbero essere capitate nel giro giusto, a indossare abiti di lusso nelle sfilate della settimana della moda, e chissà che non abbiano tentato e che non ne siano state estromesse per qualche motivo troppo oscuro.

Quando passiamo in macchina, con un'amica, ci guardiamo e tutt'e due ci confessiamo lo stesso pensiero: ma quando mai potrebbero permettersele, se non pagando, così belle?

Solo che viene voglia di togliere delicatamente il trucco spaventoso, e di levarle dal freddo e dal caldo, dal buio e dal troppo sole. Sotto il rossetto e la matita troppo scura hai persino paura di capire la loro età. Una cammina lenta, con lo sguardo trasognato, i capelli biondi fini; l'altra (che forse gli fanno la carità di lasciarle in due) sta seduta su un seggiolino da campeggio: ha il rossetto sbavato, e qualche volta addirittura un ombrellino, che appoggia alla spalla.

Chissà che significato ha per loro questa strada, che sono venute a conoscere metro per metro così da lontano; da quale povera casa di legno uscivano, da bambine, forse richiamate da qualcuno all'interno, forse passando sotto panni stesi in un cielo gelido, vicino a quale bosco di betulle. Perché adesso mi ricordo che dietro questa stessa costa dove loro si rifugiano, noi da piccole venivamo a cogliere i papaveri (e già eravamo troppo lontane da casa) per rivoltarne le corolle di carta rossa, legarle con un filo d'erba e trasformarle in ballerine, come ci aveva insegnato una volta una zia giovane, che rideva spesso con le sue bambine; giri veloce con le dita, e le gonne di petali si allargano a ruota, con quella loro consistenza di seta.

Ce n'è stata una, per un po' di tempo, che si portava una pancia sempre più esposta, per di più scoperta da magliette tirate su e gonne tenute giù; uno spettacolo disturbante, ostentato con violenza. Poi a un certo punto, la pancia oscena scomparsa, ha ricominciato seduta sulla sedia di plastica bianca da giardino, lo sguardo torvo. Levato di mezzo il fastidio di tenerla sotto gli occhi a tutti i benpensanti che passavano, quella pancia, ossia quel figlio, adesso dov'è?

Però di notte le prostitute spariscono, la strada è deserta. Si illumina in isole delimitate, rettangoli di luce al neon al centro dei quali ci sono i camion aperti dei venditori di panini; gente che lavora quando la maggior parte degli altri dorme, dando da mangiare ai camionisti di passaggio e ai nottambuli che tornano a casa dopo la discoteca. Questi gruppi sparuti di persone sembrano falene attirate dalle lampadine penzolanti in file provvisorie dal tetto dei camioncini; le parole rare non hanno eco, sembrano trattenute anche quelle nell'alone di luce.

Anni fa, quando la grande fabbrica delle auto era ancora in piena attività, i venditori di panini erano là, al di fuori dei cancelli, la mattina prestissimo, già per quelli del turno delle cinque, che si volevano ingozzare con un panino fin dalla prima colazione, niente caffè e brioche per i terroni, affamati in tutti i sensi.

Ci pareva una vita durissima, con poca felicità. E adesso che la fabbrica l'hanno distrutta, la desolazione dei parcheggi deserti con le erbacce, senza più panini ingoiati con i compagni di turno, è il peggio che non potevamo neanche immaginare.

Zingari

Arrivano sempre almeno in due. Quello che discute, facendo finta di parlare male e di capire meno, ha i capelli un po' lunghi, neri e unti, la faccia grassa rovinata da un buco sullo zigomo, una cicatrice fatta come da un punteruolo. Tutti e due hanno l'abito scuro, quello grasso con la cintura che gli scivola sotto la pancia, e la camicia bianca con le punte del colletto piatte, aperte sulla giacca, le scarpe infangate.

Quello che parla e chiede i prezzi delle macchine fa il compagnone, interrompe il venditore se sta parlando con altre persone, scherza mellifluo, tratta il prezzo; l'altro, più giovane, è snello, un bel tipo, anche lui con la pelle olivastra e il vestito troppo scuro, ma alto e flessuoso come un torero. Non parla e non sorride, resta un passo indietro; il suo compagno gli parla rispettoso, come se traducesse per lui quello che gli diciamo. Gli anelli alle dita, le catene d'oro al collo, si vede subito che è un capo; se non bastasse, ne abbiamo la conferma quando, in un raro sorriso, scopre i denti incastonati, alcuni d'oro e uno persino con un brillante, che conferma il suo rango.

Sono quegli stessi che vediamo sgommare al semaforo sulla Mercedes CLK argento, quando vanno verso il campo nomadi al di là della strada.

Comprano usati vecchi, rigorosamente in contanti, saldo prima della consegna; sanno già che per loro non esiste né credito né finanziaria, l'intestazione fatta sempre a un certo Iulianovich, che è forse l'unico ad avere residenza e documenti di identità.

Il ragazzo più giovane ha una moglie, alta e sottile al contrario delle altre donne del campo, quasi tutte enormi e sformate nelle gonne a fiori, che si siede con la sua bambina, con un faccino rotondo come il suo, sui gradini della chiesa e chiede l'elemosina a fine messa.

Riempito bene o male il bicchiere di carta slabbrato che tiene in mano, si alza e scuote i braccialetti sui polsi scuri; raccoglie le gonne come una regina e raggiunge all'angolo la Mercedes che l'aspetta per riportarla al campo.

Milano è una cozza

di Fabio Greco

Milano è una cozza signore, brutta come una cozza, ma poi è anche buona come una cozza. Anzi, signore, Milano è un chilo di cozze che prima ne prendi una, poi un'altra, poi un'altra ancora e non ti fermi più; solo, stai attento all'epatita, alla malattia signore, ché se esageri con Milano tutta in una volta, poi t'ammali: Milano la devi prendere a poco a poco signore, una cozza alla volta, stando accorto ai granelli di sabbia, al putridume, ché pure a Milano ci sono le zozzarie, come quassotta, ma poi ogni tanto, tra tutte le cozze che ci stanno in giro, magari te ne capita una più brutta delle altre, ma dentro tiene una perla, signore, e là Milano ti fa pazzo, ché la perla a Milano non te l'aspetti.

Intra alla piazza della Repubblica mi ci dovevo incontrare con Menico, un amico mio di famiglia signore che a Milano teneva una pescheria. La pescheria stava intra a viale Mar Jonio signore e questo era preciso preciso il motivo che m'aveva convinto a partire dalla terra meridione e andare a lavorare con lui, ché quel nome da solo faceva un poco l'aria di casa, Mar Jonio, noi ci nasciamo intra a sto mare nostro e a noi sto mare ci fa battezzo di vita.

È arrivato puntuale Menico, stava tutto inchiavardato intra al cappotto, m'ha stretto la mano con un sorriso a mezza bocca e mi c'ha detto: Visto Pippi? Visto che splendida giornata? e io non aggio risposto subito ché m'aspettavo una risata, Splendida giornata? Ma và, e invece era serio serio, per davvero quella era una splendida giornata per lui: a me signore Milano mi pareva un grosso trogolo per i porci, che tutte le perle se l'erano mangiate loro. I palazzi signore stavano affacciati alle vie come vecchie comari petulanti, messe di sghiscio senza dare troppo nell'occhio eppure tutte vicine vicine a ciciarare, a giudicare signore quell'uomo della terra meridione che si perdeva in mezzo alla matassa degli incroci; e il cielo mica era blu come quassotta signore, manco nero, rosso o grigio tempestoso, no, bianco, bianco signore, era cielo che non esisteva, era cielo fasullo, cielo di cartapesta che l'avevano appiccicato sopra ai palazzi per fottermi e *dietro* c'avevano pittato il sole che era come guardarlo da sott'acqua, sole pisciato che non scaldava e non faceva luce, manco buono a fare ombre vere, signore, giacché quelle di Milano erano ombre slavate ai bordi, ombre paurose, erano ombre signore scornose d'essere figlie di quel sole schiarito. Una cozza proprio era Milano.

Già, proprio una bella giornata, aggio risposto io.

Te lo dico signore: manco ero arrivato e già volevo scappare, che se non era per l'orgoglio puttano che mi porto a fardello, di dimostrare agli amici miei di quassotta d'essere meglio di loro, già avrei pigliato un treno e me ne sarei andato, e invece nisba, orgoglioso e orgoglioso, a costo di morire di fame sarei rimasto, e mi sentivo pure in colpa signore giacché quei miei amici non tenevano invidia per quella mia partenza, anzi m'avevano caricato la valigia di tutte le speranze loro, m'avevano addobbato a bandiera e andavano dicendo, Addove sta Pippi? Pippi sta a Milano, e lo dicevano a petto in fuori, come a dire noi teniamo notizie di prima mano di questo gentiluomo che è pure amico nostro. Perciò sono rimasto signore, ma nunn'è stato facile, nunn'è mai facile quando tu parli e non ti capiscono e tu non capisci a loro con quella parlata tutta stretta, con le parole tagliate a metà. A Milano i pensieri uscivano sempre nel dialetto nostro, poi li incartavo in italiano: diventavano signore qualcosa che non esisteva, un miscuglio di parlata che mi faceva forestiero tra la gente nuova e forestiero pure tra la gente di casa mia; mi chiamavano terrone signore, a me proprio, che sono uomo di mare e non sono buono a far crescere manco la gramigna; mi guardavano come si guarda l'elemosiniere, che ci si pensa «poveretto poveretto», ma poi si tira avanti senza buttarci la monetina: pensavano forse che dovevo camminare piegato quando passavano loro, camminare a faccia a terra, cogl'occhi alla punta delle scarpe? Forse dovevo mettere la mano di taglio quando li guardavo, per non essere accecato dalla loro luce? Una volta signore, stavamo intra alla pescheria, io, Menico e un altro ragazzetto che si chiamava Gero: qualcheduno a scapicollo era entrato di corsa intra al locale e c'aveva gridato, iè arrivata la gente ricca, iè arrivata la femmina bona, e a Milano ce ne stava tanta di gente ricca e di belle femmine, ma mica venivano dove stavamo noi, ché lì era il rione San Siro, era zona di lavoratori, di gente come a me e come a signoria signore e perciò era una cosa strana quella: tutti abbiamo lasciato quello che stavamo facendo, io aggio lasciato lo scorfano mezzo vivo e mezzo morto d'intra al ghiaccio, Menico s'è preso una pizzicata dal granchio e Gero ha minato in terra una secchiata di anguille che sembravano serpi – l'aggio solo guardato, signore, con l'occhio di sbieco ché se non le raccoglieva tutte a una una quelle anguille che se ne scappavano addietro al bancone, me lo mangiavo sano sano. Signore siamo andati tutti sulla porta, solo Gero non c'è venuto. Ci stava una Ferrari che faceva il giro della piazza, intra si vedeva la capa lucida lucida d'un uomo e la chioma bionda d'una donna. La macchina ha rallentato signore e s'è fermata in faccia a noi. È sceso l'uomo: stava tutto incartonato intra a un vestito elegante, aveva al collo uno scialle colorato, al polso un orologio d'oro. Poi è scesa lei signore, una sirena di porcellana, che a guardarla ti s'azzucherava la bocca. Stavamo là a guardarli, a guardare lei soprattutto, a guardarle le gambe signore, senza scorno alcuno, c'aveva fatti scemi. Poi lui dice, Cevco la peschevia di Menico, m'hanno detto che qui tvovo pesce fvesco, il migliove di Milano, Si è vero, Ne avete vicci? Che? Vicci, vicci di mave, Ah ricci, sì sì abbiamo ricci, E ostviche e salmone? Certo che l'abbiamo prego entrate pure. Si capiva che non c'erano mai stati intra a una pescheria: lui parlava e parlava, ma quant'è bella questa cevnia, diceva, ma indicava lo scorfano, e queste ostviche, ne trovate mai di pevle? Signore queste sono cozze patelle hanno solo sabbia intra, e di tanto in tanto spiava dietro il bancone la capa di Gero che aveva quasi finito di raccogliere le anguille scappate. La ragazza – neppure vent'anni signore – si premeva un fazzoletto sulla bocca e sul naso, non respirava. La verità, signore? Mi sembrava un'offesa a me, quel fazzoletto, quella smorfia schifata abituata all'acqua di colonia, che storce il naso allo scorfano, che brutto è brutto e chi dice di no, e puzzare puzza, ma non era allo scorfano che ci girava la capa, era a me signore a me e a quello ch'io facevo. Gli aggio rifilato cozze per ostriche, salmone di qualche giorno che manco i gatti lo volevano. Lui dice, Quant'è? e srotola un mazzo di cinquanta euri arrotolate, Niente, Niente? Un omaggio è quello signore. Non m'ha manco ringraziato. Se n'è uscito tenendo la carta del pesce a distanza, con due dita. La sirena signore ha fatto uno sbuffo appena fuori, non riusciva più a trattenerla l'aria. Poi ha pigliato un boccetto d'intra alla borsa e ha cominciato a improfumarsi tutta, che per poco pure le anguille intra alla pescheria non sapevano di rosa.

È così signore: sta fetentella di sta città s'era presentata timidella timidella ché non si voleva fare scoprire, stava tutta abbottonata e richiusa intra, e là fuori non esisteva. M'assittavo sopra alle panchine sperando intra a qualche parola con la gente che passava signore – stavo legato a doppio filo con i ricordi miei di quassotta quando mi mettevo ripa ripa al lungomare gallipolino e a forza di saluti e comevà e compare e commare, stavo sempre circondato da tanta bella gente – le panchine signore stavano tutte assiepate intra agli scarti di città addove non c'erano vie, intra a piazzette improvvisate, ritagliate tra gli incroci. La gente non si fermava a scambiarcela sta paroletta signore teneva penuria di parola, teneva paura di parlarci con uno che poteva starsene assittato per tutto il giorno, ero un malaffare per loro signore, ché potevo starmene fermo a scambiarci parolette. Alla fine me ne andavo al parco a guardare i vecchi giocare a bocce, e ci bestemmiavano sopra a partite senza fine che parevano lunghe quanto la quaresima, partite senza mai vinti e vincitori che m'affogavano intra a sta città infamona. Ma poi signore, successe come succede per la neve che, sopra a un granello di polvere, s'ammucchia ghiaccio e si fa fiocco, pezzo a pezzo; come alla sabbia intra alle valve, che può restare sabbia, ma pure ingrossarsi e farsi perla liscia e lucente: pezzo a pezzo, d'incanto, s'è costruita da sé sta mia Milano cara.

Quando aggio visto Anna per la prima volta signore nevicava sopra alla città.

Per la via, non si vedeva nessuno: si sentiva solo lo sferraglio dei tram che giravano a vuoto e parevano le locomotive elettriche di quando si è piccini: me lo sono chiesto, sai signore? Se i tram sono contenti di restare intra a Milano e girare e girare senza ire mai in nessun posto; se, pure loro signore, sognano di stare al caldo intra a una casa o d'essere arioplani e non avere rotaie da seguire per forza, o se sperano invece d'essere come treni veri e andare nelle altre parti del mondo, restare sì schiavi d'un binario, pur d'andare?

Signore, io stavo per chiudere la pescheria quando aggio visto Anna dall'altra parte della via – ancora non sapevo che si chiamava Anna, era solo una bella carusa che aspettava un tram, ma poi signore, quando gli si è cappottato l'ombrello per il vento e invece d'incarognirsi s'è messa a ridere, quando ha minato l'ombrello intra a un cestino e ha aperto le braccia alla neve, lì signore aggio capito che per quel gesto, per quell'istante, nel pensare a una donna, per sempre avrei immaginato lei.

La prima volta che aggio visto Anna, signore, a Milano nevicava e Anna era rimasta senza ombrello, perciò signore aggio fatto quello che m'è venuto di fare, sono uscito con uno di quei fogli di carta che noi usiamo per incartare il pesce, aggio attraversato la via agitando la mano, Signorina ehi signorina – da lontano s'avvicinava l'arancio d'un tram – lei si è girata signore, senza paura, Sì? Signorina, prendi questo signorina per la neve, lei m'ha fatto un sorriso che quasi si scioglieva, la neve, Grazie m'ha detto e con una mano s'è messa la carta sopra alla testa – il tram aveva richiuso le porte dell'ultima fermata e s'avviava verso noi – m'era venuta voglia di baciarla signore di dire Non salire stai qua con me, ma mentre pensavo a questo e cercavo il coraggio per parlare, dalla carta è scesa la bava d'una murena, era verdina la bava e colava lungo i capelli di Anna, fino all'orecchia, fino a macchiare quel bel cappottino marrò, fino a fare buchi verdi per terra nella neve. C'è stato un momento signore che tutto è rimasto fermo, nessuno fiatava, il tram davanti a noi con le porte aperte per la salita, Anna col braccio in aria, pure la neve s'era fermata dal cadere, poi signore, lei s'è tolta il guanto, m'ha guardato con gli occhi tremolanti, credevo che mò si metteva a piangere e invece, signore, m'ha parcheggiato cinque ditate sulla faccia ed è salita sul tram senza manco girarsi. Neppure io signore seguivo il tram cogli occhi, ché fissavo a terra la carta bavosa crollata.

Signore, tornando a casa mi ripetevo che non c'era ragione di restarci male per una carusa che manco conoscevo, che manco l'avrei più rivista, ma più ci pensavo signore più mi veniva patema d'animo, mi sentivo signore una lisca conficcata intra allo stomaco, tenevo la sensazione d'averci perso un segreto, d'averci perso la donna che s'era abbracciata il mondo. Il suo nome, Anna, l'aggio saputo tre giorni dopo, alla fiera degli obei obei, signore. Non nevicava più e la neve caduta s'era zozzata al passaggio di noi – si fa presto a dire zozzata, ma alla neve linda e immacolata io preferisco di certo questa fanghiglia, ché è materia viva e si porta appresso i passi della città. Passi piccoli. Passettini: tutta la gente che stava vicino alla chiesa di Sant'Ambrogio camminava a saltelli per non cadere, parevano una colonia di pinguini che rimbalzavano da bancarella a bancarella e il loro avanzare era sempre più difficile signore giacché a ogni fermata era un pacchetto o una busta in più che spostava il peso e allontanava l'equilibrio e c'era uno, signore, con una pila di scatole che superava il cappello e la moglie al braccio che lo guidava e un altro che pur di tenere le mani libere aveva indossato un maglione appena comprato e sopra a quello una giacchetta nuova nuova e sopra ancora una sciarpa, un gilè e un cappello impellicciato con la coda di castoro. Intra all'aria signore c'era profumo di caldarroste e di panettone – la bancarella che vendeva il panettone signore c'aveva un cartello, Comprate il pan del Toni il vero panettone di Milano, e questo Toni signore diceva che il panettone, quello vero, era con l'uvetta e l'aveva inventato lui e che lui c'aveva la ricetta segreta. Forse era vero o forse no signore, io saccio solo che era buono assai e che alla quinta fetta signore m'era venuta la necessità di trovare un cesso al più presto – il cesso in questione stava in un bar e non ho da raccontarti del cesso ché lì, lo sai, siamo tutti re, preti o puttane, ma mentre stavo sul mio trono signore e immaginavo di addentare un'altra fetta, da lontano s'è levato il suono d'una banda. Mica capivo che musica era ché era coperta dalla festa e dalla neve, ma poi alla musica si sono accostate le voci signore e la festa s'è spenta e s'è levato il canto, sempre più forte sempre più forte, *O mia bela Maduninaaaa che te brillet de lontaan, tuta d'ora e piscininaaa, ti te dominet Milaaan*, pareva che stava arrivando il terremoto signore, pareva la Resurrezione del Cristo. Aggio spiato dalla finestrella, stavano tutti voltati verso il fondo della strada, mica riuscivo a vederla io la banda, vedevo signore solo i colori delle luminarie che rimbalzavano agli ottoni, facevano arcobaleni sui palazzi, mentre i suonatori ci davano dentro da matti e le note cadevano per le vie, *canten tucc «lontan de Napoli se moeur» / ma po' i vegnen chi a Milan*, e quello che pensavo era che a Milano io ci stavo bene, da Dio signore, ma magari mi stavo pure a casa mia quassotta se potevo, no? ma poi pensavo pure che Milano *ero* io signore, la pescheria *era* pure Milano, *tucc el mond a l'è paes / e semm d'accord*, e perciò pure io m'aggio messo a cantare signore, aggio gridato più che potevo con la mano sopra al cuore, *ma Milaaan, l'è on gran Milan*, e la musica s'è vuotata lungo i navigli e da lì s'è riversata fino ai monti e la Madonina ha iniziato a brillare come mai aveva fatto, diceva Non temete ché ci sto io quassotta, c'avete la Protezione mia, la sua Grazia signore ha ammantato la città tutta, la gente ha iniziato ad abbracciarsi e ad applaudire, qualcuno piangeva pure, signore pareva che avevano fatto un miracolo.

Un miracolo la signora Madonina aveva voluto farlo a me, signore, difatti nel mentre che io stavo con i pantaloni alle caviglie e quelli della banda sfilavano al finestro dove io ero – il clarino pareva un pesce siluro, alto, secco e un poco curvo, alla sua destra *la* sassofono, una vichinga pari pari a una polena con le zinne al vento, a destra il flauto signore che pareva Braccio di Ferro con la bocca di traverso e via via tutti gli altri, piatti, piattini, trombe e tromboni – mentre m'alzavo e tiravo lo sciacquone e l'acqua saliva fino all'orlo della tazza con le merdoline che ci galleggiavano intra, avvoltolata intra a un bassotuba aggio intravisto la signorina. Signore, non mi chiedere come poteva quella ragazzetta fina fina tenere sopra alle spalle lo strumento, come faceva a non spezzarsi sotto a quei suoni cupi che parevano i versi delle balene in amore, dove la trovava l'aria per soffiarci dentro a tutto quell'ottone: non lo saccio, ma quando l'aggio rivista con quella divisa e coi bottoni d'oro, signore, quando l'aggio rivista ridere assieme alla Tromba, e quando il direttore della banda l'ha chiamata dalle prime file, Ora facciamo la marcia americana, parti tu Anna che noi ti seguiamo, m'aggio messo a correre fuori dal cesso, e tenevo con una mano i pantaloni alla vita, con l'altra scansavo i tavolini e i cristiani e intra alla capa signore mi rigiravo quel nome che era sempre uguale, Anna, Anna, Anna, core meu, vita mea, a tia t'aggio aspettata pe' tutta la vita, a tia t'aggio voluto bene sempre, pure che non ti conoscevo e mò nu te lassu cchiui, nossignore, non ti lascio andare più ora che t'ho ritrovata, Anna.

Quando aggio sollevato la faccia d'intra alla neve, con i pantaloni abbassati a mezz'anca e la mutanda in bella vista, aggio sperato che nessuno se ne fosse accorto ch'ero rotolato a caposotto, inquartato sul marciapiede, che magari tutti fossero scomparsi: signore, non era così. Torno a me signore s'era formata una cupola di gente ridente a ottantaquattro denti, Menico ci fece finta di non conoscermi e intanto rideva, c'erano il clarino e la tromba che s'erano interrotti nella marcia e avevano improvvisato una musichetta scema, tipo quella dei film in bianco e nero signore, e gli altri suonatori appresso avevano cominciato a pigiare tasti e battere i tamburi alla sinfasò signore giacché era difficile ridere e tenere il tempo e le note uscivano mezze dritte e mezze storte e la gente non riusciva a trattenersi dall'additare e dal piegarsi in due e alla fine mi sembrava che la cosa meglio da fare era d'addormentarsi lì disteso sulla neve e scomparire.

Serve aiuto?
Eh?
Serve aiuto?
Sulla neve, coricato come un elefante morto stava il bassotuba. La ragazzetta invece signore m'indicava la mutanda. Che figura di merda! Aggio messo a bottone i pantaloni – bagnati completi con una chiazza che andava giusto al cavallo e pareva che m'ero pisciato sopra – e m'aggio messo a sedere.

Signorina, che non sia per comando, ma mi dici come ti chiami, eh signorina?
Anna.
Che bel nome signorina Anna. Che bel nome.
(All'alba, signore, da sopra al Duomo, vedemmo le Alpi. Da lì in fondo, addove i monti si pittano di Rosa s'è levato uno stuolo di fenicotteri che hanno pigliato il volo intra al

cielo mattutino, hanno sfiorato le case di Milano e i Navigli e il rosa delle piume talvolta pareva argento. Quando sono arrivati sopra dove noi eravamo, carezzando con l'ali la Madonina signore, hanno ripreso il volo per poi sparire dietro ai palazzi, intra a qualche giardino. Aggio baciato Anna signore. Sulla gamba mia, una cacata d'uccello).
Che città, signore, sta città! Da gigante si faceva nana, a mano a mano che ci facevo conoscenza s'assottigliava a paesello, e più m'appropriavo d'uno scorcio più si faceva minuta minuta, e più m'innamoravo d'una vista o d'una faccia più la vedevo accorciarsi, diventare quartiere, rione, un borghetto appena, me la potevo nascondere intra alla mano, piccoletta e impreziosita dall'essere diventata città mia, sta città signore, Milano, che città. A un certo punto signore la faccia mia è stata pure stampigliata intra alla prima pagina del Guerrin Sportivo, sissignore, per una partita a bocce che ancora la si conta in giro, e la gente veniva intra alla pescheria non solo perché tenevamo il pesce migliore di Milano, ma pure perché ci stavo io e la coppa, e per vedere la pipa che mi fece famoso. Intra a quella Milano di piombo che s'accucciava e non si faceva vedere, c'avevo cominciato a giocare a bocce pure io con i vecchi del parco. Alle partite facevo coppia fissa con uno che si chiamava Giuseppe come a me signore ma a lui tutti lo chiamavano Beppe. Una volta s'è avvicinato e m'ha detto all'orecchia, *Uè hai visto che nebia, neh Pippi? Che bela che l'è la nebia, che bela che l'è*, e che nebbia signore, ci riconoscevamo solo per la nostra voce, non si vedeva il campo eppure continuavamo a giocare lanciando le bocce all'immaginata, *Ti te podet pusàa inconta la bicicletta a sta nebia, nevvero Pippi? Nevvero?*, a ogni tiro noi si gridava «Tiro!» e tutti s'allontanavano, per poi farsi di nuovo vicini a controllare addove era cascata la boccia, *Senti Pippi,* mi ci disse il Beppe, *ti ve' giugà cu mi la semana che vegh al torneo delle bocce, fuma una bela squadra mi e ti, Beppe e Pippi, 'sa te diset? Ti ve' giuga cu mi?* e io mica avevo capito bene bene che cosa mi stesse dicendo, mi pareva un invito, il primo invito dacché ero arrivato a Milano, perciò gli aggio detto che andava bene, per qualsiasi cosa, andava bene.
La settimana dopo signore aggio partecipato al torneo di bocce più famoso dell'Italia, il Torneo del Cavallino. La Boccistica Cavallino stava al sud di Milano ed era una bomboni-

ra, in mezzo a tutti quei casermoni e quei palazzi. Secondo me signore la trovi ancora dov'era, che non è possibile far sparire un posto così. I campi delle bocce stavano nella parte di dietro di un bar, non in mezzo a un prato come avevo visto sempre io, bisognava entrare prima intra al bar, farsi due o tre corridoi e uscire dalla parte di dietro – si capiva che non era una giornata normale signore, tutti stavano agitati come l'acqua di una tonnara: alcuni vecchi giocavano a carte, urlando a ogni punto e sbattendo le carte al tavolo come si fa con i polpi sugli scogli; c'era un tizio, signore, con gli occhi che scappavano uno a Canicattì e uno a Bolzano, che stava al quinto o sesto bianchino, diceva che così prendeva meglio la mira e un altro, signore, un avvocato, che con un panno liscio lucidava le bocce: ne prendeva una, la guardava contro alla luce, vedeva se c'era della polvere sopra e ci passava il panno, poi prendeva l'altra la metteva davanti al naso, ci soffiava sopra e ci passava il panno, poi riprendeva la prima, poi la seconda, per tutto il tempo che siamo stati lì e io mi chiedevo se davvero c'avrebbe giocato prima o poi con quelle bocce passate a cera, o se invece le teneva a soprammobile solo per non farle sporcare di terra. Io pure tenevo il modo mio per pulirci la boccia: ci sputavo sopra e così s'annacquava pure la scalogna, ché non si poteva mai dire.

Che meraviglia signore la bocciofila! Quattro o cinque campi attaccati uno all'altro per il lato lungo e torno torno, tra i campi e i muri, gente tanta a fare il tifo e a sbandierare cappelli a ogni punto – non ci stavano tutti dentro e s'era formata una fila che arrivava al bar, fino a fuori. Quando abbiamo iniziato a giocare, signore, le notizie passavano da intra a fuori come un'onda, ogni tanto l'onda s'inceppava, qualcuno sordo non capiva bene, allora un'onda di domande andava avanti e una di risposte tornava indietro e, signore, pareva il ruscio di mare intra alle conchiglie, una risacca di parole signore che si formava al cozzo delle nostre bocce. Non ci durò molto la marea giacché ci misero un altoparlante sulla strada e la gente restò col naso in aria ad ascoltare – all'inizio, solo un gracchio di rane. Poi un tale ha iniziato a raccontare le nostre partite al microfono ma, signore, non erano proprio nostre le partite che raccontava, ci metteva dentro un sacco di parole, ogni partita era la guerra contro i Turchi, era una bat-

taglia vera con le cannonate e le bombe e noi eravamo diventati soldati, c'era la cavalleria e la fanfara, noi tiravamo per uccidere, e le storie che raccontava signore erano meglio delle storie di pirati che si raccontano al porto, ché erano vere, diverse, ma più vere di quello che succedeva davvero e a un momento s'è alzata un'onda di domande e, di ritorno, una di risposte e nessuno c'ha capito più niente.
Uè te 'l sai chi l'è quel lì?
Chi l'è quel lì, chi?
Quel lì con la barbesa, chi l'è?
L'è il Gioan, il Gioan Brera, 'l scriv su i giurnai.
Oh, l'è famos alura.
L'è famos sì che l'è famos: ha conosciu anca 'l Coppi e a Rivera.
Ah quel lì de l'Inter.
Ma va là l'è del Milan, lü.
Nessuno più badava al tabellone coi punti o alle bocce ma tutti guardavano il Gioan Brera signore, e pure noi che stavamo intra al campo ci siamo fermati dal giocare, nessuno c'ha fatto più un tiro, volevamo sentire cosa raccontava il Gioan mò che nessuno giocava. Lui ha cominciato a parlare di cose strane, di pace prima della tempesta, di giocatori rizzati a petto in fuori come bronzi di Riace e mentre lui parlava noi cercavamo di capire dove le stava leggendo quelle parole ché erano precise precise e facevano giri che ci parevano belli. A uno di noi, il Brambilla che faceva il geometra del comune distaccato a Quarto Oggiaro, senza volerlo c'è caduta la boccia dalla mano e il Gioan in diretta all'altoparlante ha iniziato a raccontare un'altra storia, Lancio del Brambilla, lancio floscio come a un bigol, praticamente non s'è mosso dal posto, e sempre in diretta il Brambilla pretendeva di ripetere il tiro ché è caduta la palla, mica voleva tirare davvero e dall'altoparlante, Il Brambilla protesta, bestemmia se la prende con San Gennaro quel terun, e in diretta il Brambilla, *Terun l'ho detto a ti, Gioan, Va a dar via 'l cü, terun d'un giornalista* e lì anche il Gioan s'è messo a ridere, come noi tutti signore, come pure il Brambilla che continuava ad agitarsi e a smadonnare.
Il Gioan pareva uno di quei vecchi marinai che stanno al porto quando c'è la tramontana, signore, con gli occhi strizzati al vento, le lacrime che girano intra alle rughe, la barba – bianca – puntuta, la canna della pipa poggiata alla bocca, il fumo

che gli faceva vedere la faccia come intra alla nebbia: guardava signore, come un capitano guarda al mare.

Quel giorno signore io e Beppe stavamo giocando come Dio comanda, senza sbagliare manco un colpo, avevamo vinto quattro partite una dietro all'altra: mi sentivo grande, Anna m'applaudiva e piegava la capa di lato e mi diceva, Bravo, e io mi sentivo che ci facevo all'ammore con la buona sorte, e facevo ai cristiani, Forza applauditeci, applauditeci perdinci, e tutti s'alzavano in piedi e lo facevano davvero l'applauso. Intra all'ultima partita signore eravamo noi contro alla squadra dell'avvocato. Il Gioan parlava di resa dei conti, diceva che ci stava un discorso segreto tra l'avvocato e le sue palle, ci diceva che l'avvocato era tutto eccitato per quell'accarezzamento di bocce con la cera che c'aveva fatto prima, e che quello doveva essere il tiro del secolo, signore. L'avvocato ha preso aria, ha trattenuto il respiro, ha tirato signore. Il tiro era lento lento lento, la palla quasi sembrava ferma e sulle sponde faceva angoli precisi, precisa curvava – la seta sulla pelle di una vergine, diceva il Gioan – e dopo un tempo che non finiva mai, mai finiva quel tempo e tutto intorno s'era fatto silenzio, la boccia ha fatto tutto il campo e s'è attaccata al pallino, signore, debole s'è sentito lo sboccio, uno sfioro appena, e lì s'è fermata, non s'è mossa più, non s'è mossa la boccia, non s'è mosso il pallino, né noi che guardavamo – solo il Gioan continuava a parlare e parlava di destino, che doveva essere proprio il destino che doveva capitare così, come due amanti che si incrociano dopo mille giri, l'amante a baciare l'amata, la boccia al pallino. Abbiamo applaudito anche io e Beppe, signore, ché era proprio un gran tiro. Il Gioan ha fatto due lunghe boccate alla pipa: sembrava signore che pregava, che ringraziava il santiddio per avergli fatto vedere quel tiro e, signore, io non è che aggio mai fumato in vita mia, ma m'aveva fatto venire voglia di fumare pure a me, di pregare per qualcosa: solo non tenevo una pipa.

Gioan se metto la mia boccia al posto dell'altra me la regali la tua pipa? Se attacco la mia al pallino, la tua pipa me la regali, Gioan?

Il Gioan signore c'è rimasto a pesce lesso, ché, sì, gli piaceva l'idea della scommessa, ma, no, non voleva perdere la sua pipa. È stato un minuto buono a mordersi il muso poi ha detto va bene con la testa. Si è seduto: nessuna battaglia, stavolta, nessuna guerra, nessuna cronaca: signore pareva un condannato a morte. Tutto era silenzio. Io aggio imparato a giocare a bocce già quand'ero piccinno piccinno sulla sabbia di Torre Mozza e lì signore bisognava avere una bella mira, ché le bocce sulla sabbia mica scivolano bene, bisognava colpire le palle degli altri dritto dritto in testa per scambiarle di posto, la tua al posto della loro, per stare più vicino al pallino. Perciò signore per me è stato facile facile fare quel tiro, aggio scompagnato i due amanti con un colpo secco, la blu tra la rossa e la bianca. Toc. Tre punti a noi e uno a loro. Vittoria. Il Gioan signore non s'è mosso da dov'era, poi c'ha domandato al vicino suo di continuare la cronaca, ché lui non stava molto bene, s'è alzato ed è rimasto lì impalato e pareva un capitano prima di un naufragio, ritto sulla prua della nave, combattuto signore tra grandezza e paura. C'ha preso la pipa e me l'ha lanciata in mano. Signore il giorno dopo è uscito l'articolo sul giornale con la mia faccia dritta intra alla prima pagina. Il titolo era: La pipa.

LA PIPA

La mia pipa per una scommessa! Oh pipa mia, il tuo fumo mi riempie il cuore oltre ai polmoni, in barba a quella mole di imbellettati bigotti che storcono il naso a ogni sbuffo (fortuna che ancora sono pochi a protestare, ma già me li vedo da qui a qualche anno cianciare, dire l'aria è di tutti, non vogliamo noi pure i polmoni marci: ma che si fottano, perbacco). Come potranno mai comprendere la spiritualità che sottende all'atto del fumare? Il gesto perfetto del portare la mano alla pipa, accoglierla nel palmo e accompagnare la cannula al labbro. Inspirare. Trattenere. Espirare. È amore quello, bellezza. La pipa esige calma interiore, livello filosofico, sublime pacatezza dell'anima. Le sue delizie sono infinite e non tutti possono accedervi senza adeguate risorse religiose. Bisogna conquistare anche quel fumo sapiente da secoli. E che faccio, io? Per una scommessa, tacita per giunta, regalo il mio spirito, il mio Totem a un peschiero meridionale dall'occhio furbo! Tonto tonto tonto. Che se ne farà uno così della mia pipa? Si metterà al timone di qualche tinozza vantandosi d'aver preso i gradi, d'essere capitano? Mettendo la bocca a o, cerchierà l'aria col fumo, sollevando vaporosi anelli concentrici a vanto della propria abilità. Pure lui si fotta. Che poi, io dovrei contare di lui. Già. M'hanno pagato al giornale per un articolo sul torneo di bocce cui ieri ho assistito. E il pescivendolo l'ha vinto. E sia: onore agli impegni contrattuali, noi tutti burocrati servili. Dunque: il torneo delle bocce si è tenuto ieri in via Riva di Trento a Milano nella Scala Nazionale delle bocce, altrimenti nominata Boccistica Cavallino (le insegne sono due, una della Cinzano per il Bar, l'altra ha un disegno di un cavallino rampante scimmiottamento del purosangue ferrariano, bianco il primo, nero il secondo). Con una bocciata precisa e senza fronzoli, mai immaginata e per questo maggiormente bella, un colpo da maestro senza dubbio, con il punteggio di trentanove a trentasei la vittoria è andata alla squadra Vongola di Beppe e Pippi. Che non mi si dica più niente: il lavoro è stato fatto. Cercate di capire, perdinci! Io per questo filibustiere sguattero ho perso la mia pipa! Io moderno Achab, ho lanciato la mia pipa a quell'uomo puzzante pesce e non per una scelta personale e filosoficamente matura, la consapevolezza di non avere più la serenità per quel gesto, no, solo per una stupida, banale, irrinunciabile scommessa. Che farò ora senza la mia pipa? Ahimè, che farò? Accenderò un sigaro, per cominciare. Semplicemente. (GB)

MAGIC MOVIE PARK

di Maria Luisa Frigerio

20 febbraio 2002
«50 magnolia grandiflora, 30 cupressus in varietà, 30 pinus excelsa, 20 cedrus atalantica glauca, 50 betula alba, 15 platanus cerifolia, 80 acer saccarinum, 80 carpinus betolus sono le piante che, secondo lo schema di convenzione preparato dall'Amministrazione Zanantoni protocollata in data 20 febbraio 2002, Felice Vittorio Zaccaria quale 'amministratore unico e legale rappresentante di Tornado Gest' si impegna a piantare intorno al 'complesso edilizio da destinarsi in parte a sala cinematografica multi schermo, dotata di 5 sale, in parte a ristorazione'. Il Consiglio comunale delibera, con 13 voti favorevoli, la sera del 28 febbraio 2002, presidente Michele Messina, vicesegretario Alberto Cesana.»

29 marzo 2008
«Kalashnikov, mitragliatori Uzi, Skorpion, munizioni, cannocchiali di precisione, bombe a mano.» Arsenale delle cosche trovato a Seregno nel 2006, ramificazione brianzola della cosca Mancuso di Limbadi specializzata in edilizia, appalti, traffico di droga, ripulitura di denaro in attività commerciali.

Mentre l'Italia assiste alla mattanza in corso tra la costa jonica e la provincia di Reggio, i killer delle cosche colpiscono in una strada silenziosa di un paese tranquillo a nord di Milano, Verano Brianza.

Rocco Cristello, 47 anni, precedenti per droga, in affidamento ai servizi sociali, stava rientrando in casa alle 23 di giovedì sera, dopo aver giocato a calcetto con gli amici. Due sicari scesi da una Fiat Stilo l'hanno travolto con una tempesta di fuoco: 26 colpi di pistola, otto dei quali l'hanno colpito alla testa, al cuore e all'addome... [c'è] la certezza che l'omicidio sia da inserire nella serie di avvertimenti e minacce a esercizi commerciali che da più di un anno si verificano in questa zona dell'alta Brianza. «La più ambiziosa operazione di questo genere è stata quella del Magic Movie Park, l'ex multisala di Muggiò che il magnate cinese Song Zichai voleva trasformare nella chinatown della Brianza» (Marco Mologni, Riccardo Rosa, *Corriere della Sera*). Siamo cinici: una ventina di alberi per ogni colpo di pistola? Nient'affatto. Nulla è stato piantato attorno al multisala posto al confine tra i comuni di Muggiò e Nova Milanese nel Parco di Grugnotorto. Infatti si vede solo lui, lo scatolone, il multiplex, il mostro. E il prezzo va ben oltre quello, caro, pagato da Rocco Cristello: con la vita.

Fallimento della Tornado Gest che aveva avuto l'autorizzazione a procedere dal sindaco di Muggiò, Carlo Fossati, nel febbraio 2005, dopo le ultime modifiche approvate. Il responsabile della Tornado Gest, Felice Vittorio Zaccaria, s'impegnava col comune di Nova Milanese a realizzare la strada d'accesso al multisala che conteneva anche 2.450 m^2 di medie strutture di vendita. Per una serie infinita di motivi, i tempi non sono stati rispettati e l'imprenditore Zaccaria dovette vendere lo stabile e licenziare i dipendenti del Magic Movie Park. Anche i commercianti titolari dei negozi interni al multiplex si trovarono in condizioni molto precarie.

Vendita del multisala per 40 milioni di euro alla società di Zichai Song (40 anni, nato in Manciuria, viso segnato da profonde cicatrici, già condannato a morte in Cina per truffa aggravata), re dell'import-export del made in China. Stringe nella mano offesa per un incidente un piccolo impero. Non si sa come, senza la minima autorizzazione, quello che ormai si chiama CINAMERCATO di Milano, chiuso per ristrutturazioni, rinascerà come centro commerciale all'ingrosso e al dettaglio con 22.000 m^2 di spazi commerciali suddivisi in 280 negozi; una scuola, una palestra di kung fu, una biblioteca e 500 alloggi.

Blocco immediato dei lavori. Il TAR della Lombardia conferma respingendo il ricorso promosso dalla Tornado Gest e dagli avvocati di Song. Atterriti i commercianti cinesi, che hanno già versato dai 15.000 ai 20.000 euro come anticipo sugli spazi vendita.

Nonostante il blocco, facendo a meno della grande inaugurazione prevista e sempre rimandata, nel dicembre 2005 il CINAMERCATO è aperto con ben quindici sale cinematografiche, al posto delle cinque iniziali, che dovrebbero essere gestite da italiani. Il comune di Nova Milanese è in attesa della decisione della Cassazione per la non ammissione al credito di 1.367.168,81 euro per opere viabilistiche/strada d'accesso all'edificio che Zaccaria si era impegnato a eseguire e delle quali non ha mai pagato il progetto fornito dallo studio tecnico Calcinati-La Viola.

Song sparisce dalla scena per tentato linciaggio da parte dei connazionali che ha imbrogliato, portando con sé il denaro anticipato.

Ora «il mostro» è chiuso e il sindaco di Muggiò risponde ai curatori su cosa farsene, fermo restando il fatto che non aggiungerà un solo metro cubo di cemento. «Un residence per le forze armate? Se ne può discutere. Un laghetto con club house, spazi verdi e centro fitness? Ci troveranno d'accordo!» Purché non si faccia un centro commerciale, visto che nel frattempo ne è sorto un altro, vicinissimo. «Se non ci proporranno trasformazioni accettabili, quell'area finirà in un degrado assoluto, ma non per colpa nostra.»

Io un po' ci spero, solo un po'. Questa struttura che doveva essere avveniristica, dotata di spiaggia artificiale, laghetto, strade di collegamento e di cinquecento magnifici alberi sarà invece soffocata dai rovi, dalle edere, dalle parietarie come un vecchio castello in rovina. Là torneranno a giocare i ragazzi, penetreranno dalle porte sfondate del seminterrato e saliranno fino alle quindici sale senza finestre facendosi luce con i cellulari. Poi scenderanno le scale mobili arrugginite e ferme da decenni come si scendono gli scaloni degli immensi manieri medievali.

Vi prego, non interrompete il mio sogno con scenari di degrado più realistici, tipo droga o, peggio, occupazioni da parte di zingari o extracomunitari che già hanno deturpato tutta la zona circostante il multisala, ingombrando le rogge di vecchi materassi, camicie stinte, strappate, scarpe spaiate e ogni genere di cocci. C'è una guardiola, ora, e un guardiano, ma i piccoli sanno intrufolarsi dappertutto. Troppo in fretta sono cambiate le zone periferiche della mia città di periferia e solo con la memoria posso immaginare paesaggi ormai perduti: le distese dei campi di mais, i cascinotti dei contadini, le viole sulle rive dei fossi e soprattutto le zone impossibili da attraversare: il regno delle spine e delle rose canine. Là, in fondo, c'era la nostra verde spiaggia, la piscina di cemento grezzo; là ci riparammo, una sera, dalla dura tempesta che ci aveva ammutoliti all'improvviso. Da laggiù era sbucato il pavone con la sua incredibile ruota, con quel grido che ci aveva ghiacciato il sangue nelle vene.

Adesso guardo questo mutamento e tutto vorrei ricoprire, nascondere, celare dietro la maestosa ruota del pavone o soffocare coi rovi e le rosse viti del Canada. Invece torno a casa e la porta si chiude alle mie spalle con un debole rumore, con un dling accendo il computer.

«Tra la fine del 2004 e l'inizio del 2005 il supercinema era pronto. Del resto delle opere accessorie previste, nemmeno l'ombra: né strade né lago. E le sale sono sempre rimaste mezze vuote...» (inserito il 26 febbraio 2008).

«Sono tornato sul forum dopo diverso tempo... Il Multisala è ancora lì e nulla è cambiato... Il comune si rifiuta di indennizzare i contadini, nulla è cambiato. La classe politica si rivela per quello che è sia a livello nazionale che locale...» (inserito il 22 febbraio 2008).

«Sì, peccato però che continuino ad ostinarsi a non pubblicare qualche foto del degrado che circonda la mia zona, gli orti abusivi in particolare, ora vedrò di farle io ed inviarle a qualche quotidiano e, perché no, anche a Striscia la notizia, chissà mai che il bravissimo Jimmy Ghione non riesca ad avere un dialogo in Comune, quel dialogo che è mancato con noi cittadini» (inserito il 29 dicembre 2007).

«Complimenti al 'Cittadino'. Gran bella foto della montagna di rifiuti... e sullo sfondo la ex multisala. Siamo entrambi sul pezzo, vedo con piacere che anche i giornali locali si interessano del territorio. Ho anch'io delle belle foto, vedrò se pubblicarle...» (inserito il 29 dicembre 2007).

«Fra il parcheggio e la 'tangenzialina' vere e proprie montagne di rifiuti di ogni genere che si sono 'mischiati' alla massicciata stradale. Resti di plastica, scarpe, bottiglie, cavi elettrici e quant'altro sono finiti nella massicciata stradale. Al di là di questo aspetto che sicuramente è già stato notato da chi di dovere all'interno della Giunta, voglio sottolineare l'aspetto grottesco della discarica a cielo aperto all'interno del Parco di Grugnotorto. Mi domando come possa essere finito lì tutto quel materiale e mi domando quanto costerà alle casse cittadine lo smaltimento dello stesso. Ci troviamo in una 'zona di confine' a tutti gli effetti, che immagine daremo a tutti coloro che presto (speriamo) si troveranno a transitare su quella strada?... Più in là eternit abbandonato in un fosso, vicino alla cascina. Insomma un vero squallore proprio nel parco... Il paradosso continua» (inserito il 26 dicembre 2007).

Internet va a ritroso, à rebours.

Ok, ci vado anch'io, ancora, sebbene mi nausei un po' raccontare di me... a meno che non riesca a portare il passato nel presente, nell'oggi, nell'ora.

Da piccola, la cosa più bella per me era andare «a feu» che, a differenza del francese, significa «fuori», nei campi.

La vita dei paesi della periferia di Milano, esattamente come il capoluogo, è tutta vissuta nei «dentri»: dentro le case, dentro i cortili. Le vere facciate sono quelle rivolte all'interno. Non si vedono ville, o meglio si vedono i «dietri» delle ville e i muri di recinzione, essendo le facciate rivolte verso i parchi.

Andare a feu era uscire. Adoravo uscire. Forse è per questo che quando qualcuno mi dice: «Secondo me sei un po' fuori» io lo sento come un complimento.

A feu, era sempre primo autunno anche in piena estate. Sono nata a settembre. Il mio primo a feu.

Dev'essere stata veramente una liberazione, visto che pesavo quasi cinque chili e che pur di uscire mi sono rotta una spalla.

Non posso dimenticare l'odore di legna bruciata, forse il primo che ho sentito... prima ancora di quello del latte perché qualcuno avrà pur acceso una stufa per far bollire dell'acqua per la levatrice. Odore che mi è rimasto nel naso.

Andavo fuori per stare in pace: prima un breve tragitto sul carretto, poi a piedi, ansiosamente, ai bordi delle campagne. Più fuori del fuori.

Aria, volevo aria, come quando a Milano guardo in su verso la Madonnina per ritrovarla. Strappo lo sguardo dal lastricato – cicche spiaccicate in cerca dell'oro e della luce.
Aria e fuoco, FEU, in un'unica parola.
E terra. Camminare ansiosamente calpestando rametti e foglie già secchi fino ai roveti. Insanguinarsi per oltrepassarli come quel giorno tra le mani dell'ostetrica.
Doloroso urlo liberatore!
Liberare dalle spine un uccello morto e seppellirlo. Vita e morte, sbam, in un attimo. Aria fuoco terra vita morte.
E acqua. Soprattutto acqua. Quella del canale che arrivava fin laggiù con le rogge.
Io sto bene dentro quando posso vivere fuori.
Mi fermavo sulle rivette ad ascoltare l'acqua che passava. Sedere sulla terra, piedi nell'acqua. Trattenere nel cuore ciò che se ne va lontano. Trasalire per lo scatto delle lucertole. Cosa chiedere di più? Altri bambini come me? C'erano! Un po' più in là a giocare. Ci parlavamo con l'alfabeto muto o a gesti per non interrompere il silenzio. C'era Bruno con gli occhi allungati e stretti dei bambini cinesi. Gigi, sempre coi pomelli rossi. E alcuni altri. Tutti maschi, tranne me.
«A feu» era la nostra grande casa. La nostra riserva indiana con incluso cimitero, l'aia circolare senza visibili confini.
Ma adesso c'è IL MOSTRO. Che sia il quinto elemento?
La prima volta che lo vidi era proprio uno scatolone vuoto. C'erano soltanto i muri perimetrali, ma mi fece venire in mente un finto animale arenato.
Ricordate la balena Goliath? Chi mai avrebbe potuto pensare d'imbalsamare una balena? Andai a vederla perché non credevo fosse possibile. E infatti non si può.
Quello che appariva ai nostri occhi era tutt'altro che una balena: una carcassa giallastra che puzzava di formaldeide e di pesce andato a male. C'era lì accanto, però, una teca di vetro con un piccolo cuore. Possibile che fosse il suo?
Là, nello scatolone, nessuna teca.
Ci girai intorno per un po'. Anche volendo non si poteva distruggere. 8.000 m^2 di cemento armato proprio sopra le fosse o foppe degli animali che seppellivamo. Una gigantesca lapide?
Non lo rividi più fino all'arrivo dei cinesi. Mi lasciai con-

vincere da mia sorella a farci una capatina. Ora il cuore c'era e a me piaceva stare lì. Mi piacevano i bambini cinesi che qualsiasi cosa comprassi ti dicevano: «due eulo, tle eulo». Trovavo bellissima la loro bigiotteria e pensavo ai prigionieri politici che l'avevano prodotta. Non che si potesse comprare tutto al dettaglio, anzi quasi nulla, non c'erano i permessi, ma qualcosa di piccolo lo vendevano lo stesso raccomandandoci di nasconderlo nella «bolsetta». (Nei primi anni Cinquanta, girava per il paese un altro cinese, l'unico che avessi mai visto, che vendeva appunto «bolsette e leggipetti».)

Mi piacevano le famigliole appena giunte dalla Cina che non sapevano una parola della nostra lingua tranne i prezzi «no cadauno» e i ragazzi che guardavano film western sui loro computer con John Wayne che parlava in cinese. Pensai addirittura di propormi come insegnante d'italiano.

Davanti a quel cuore non pensavo più alla natura violata: le bambine cinesi con gli occhi a mandorla e i pomelli rossi mi sembravano le mie nuove compagne di giochi. Finalmente qualche femmina lì intorno!

Ci tornai una volta, un lunedì, verso sera. All'interno non c'era un solo italiano tranne me. Giravo in quel labirinto di negozi del seminterrato alla ricerca di non ricordo bene cosa. Ebbi la sensazione che avrei potuto sparire senza lasciare traccia, ma non riuscivo a trovare la porta d'uscita. Passavo e ripassavo davanti ai box sotto lo sguardo incuriosito dei cinesi increduli che ci fosse ancora qualche straniero in giro. A un tratto vidi una scala di cui non conoscevo l'esistenza. Corsi di sopra e mi trovai affannata davanti all'ingresso principale: un'immensa porta a vetri dalla quale erano ben visibili le Grigne e il Resegone tutti rosati dal tramonto.

«ET – telefono – casa» ripetevo tra me mentre cercavo sul cellulare il numero di mio marito.

Canal Villoresi

di Maria Luisa Frigerio

«Lei aveva un mazzolin di fior e le fragole nel cappellino, ogni fragola un bacin d'amor… e il tempo volò.» È il ritornello della canzone che una bimba di tre anni, sparita dal cortile dell'osteria paterna una mattina di giugno del 1953, cantava a squarciagola quando fu ritrovata, in groppa al suo triciclo, sulla riva del canale. Il vigile urbano Todaro Salvatore, con un pizzico di divertimento, cercò di descrivere ai genitori affranti il bucolico quadretto senza riuscire peraltro a convincerli dell'innocenza del gesto. «Cala tusa chi la ga bisogn del culecc!» fu il commento del padre.

La bambina in questione, che calzava in realtà un cappellino di paglia ornato da un mazzetto di ciliegie di rafia, ero io.

Fiori, fragole, ciliegie e baci d'amore hanno sempre accompagnato le mie fughe sul canale nelle belle stagioni, prima, durante e dopo i dodici anni di collegio.

Colpa dell'ingegner Eugenio Villoresi che si sarà pure giocato la camicia in quell'impresa, ma permise alla povera gente di avere uno spazio di svago e divertimento superiori a tutte le aspettative di migliorare l'irrigazione, favorire la navigazione dei barconi di sabbia e distribuire forza motrice alle fabbriche.

Era uno che ci buttava l'anima e il corpo nel lavoro e infatti gli venne in mente di portar giù in questa parte di pianura addirittura le acque del Lago Maggiore e del Lago di Lugano.

Ho scoperto che le difficoltà cominciarono presto, nonostante la concessione rilasciata in quindici giorni da re Vittorio Emanuele II:

Alcuni proprietari terrieri, temendo che l'irrigazione avrebbe potuto distruggere le viti e i gelsi, spinsero l'ingegnere ad abbandonare l'idea della derivazione dell'acqua dal lago di Lugano, per creare solo il collegamento dal Ticino. Il progetto, così rivisto e adeguato alle richieste, fu finalmente ritenuto «di pubblica utilità» e così venne approvato dal Ministero del Lavori Pubblici nel 1877. (wikipedia.org/Eugenio_Villoresi)

Quelli della mia generazione sono nati proprio sul finire dell'epoca contadina, ma hanno fatto in tempo a vedere molto bene quanto il canale fosse utile all'irrigazione dei campi. Mai avremmo potuto pensare che prima queste nostre terre soffrissero di siccità periodica a causa della permeabilità dei terreni in gran parte ciottolosi e ghiaiosi.

Io stessa ne ho fatto esperienza quando ho cercato di coltivare a orto una parte del nostro giardino. Nonostante il proprietario precedente avesse già ampiamente bonificato la terra, a ogni colpo di zappa incappavo in grossi sassi difficili da svellere e in piccole zone ghiaiose.

Da piccola, però, la parola canale equivaleva a fiume, forse anche a mare, come in certi canti popolari.

Si andava sulle rive, come si andava in vacanza, a ritrovar se stessi. Sempre c'erano erba folta per sedersi, acqua corrente e aria per rinfrescarci. Tutte le ore erano buone, se si era bambini, ma il meglio era verso sera. Stanchi e affaticati dai giochi ci si buttava sulle rivette fresche a riposare e bastavano pochi minuti per tornare alle nostre case: settanta-ottanta metri di sentiero da casa mia, in tempo per vedere i contadini che tornavano dai campi sui carri trainati dal cavallo o dall'asino con le stie piene di polli. Mi piaceva fermarmi con i miei amici davanti ai portoni dei cortili a guardare le manovre per entrare nelle stalle fino a quando, a uno a uno, mi lasciavano sola. Noi mangiavamo più tardi per via dell'osteria.

Poi, appena sentivo il rumore delle stoviglie sulle tavole o nei lavandini sovrastare quello dell'acqua che scorreva lontana, con gli occhi bassi tornavo a casa, incredula che la giornata fosse trascorsa così in fretta e sperando che la notte passasse altrettanto velocemente.

Sedevo a uno dei tavoli sotto la pergola in cortile, gli stessi che d'inverno stavano dentro l'osteria, e mia madre mi metteva davanti un piatto. Qualche volta si sedeva accanto a me e a mia sorella, ma pronta ad alzarsi se arrivava un cliente. Quasi sempre avevo più voglia di dormire che di cenare.

C'era qualche vecchio che s'attardava con il suo bicchiere di vino e scambiava laconiche parole con qualcun altro o con mio padre. I più giovani parlavano della fabbrica e del lavoro nei campi o, se era autunno, dell'apertura imminente della caccia, dei fagiani, delle lepri e delle mute.

Tutte quelle fatiche e quei divertimenti avevano a che fare col canale perché i sentieri e le rivette venivano usati come scorciatoie per raggiungere i posti di lavoro o le zone venatorie.

Oggi un grande monumento all'ingegneria idraulica, qual è la rete irrigua del Canale Villoresi, può e deve diventare anche una risorsa a disposizione dell'intera collettività: per questo abbiamo sviluppato un grande masterplan per far sì che i nostri canali diventino anche percorsi di natura e di cultura per la scoperta della campagna. (piccolicomuni.ilcannocchiale.it)

Prima la parola «masterplan» non esisteva neppure e la scoperta della campagna la facevamo a frotte o da soli con i cani, mandandoci richiami sotto forma di fischi da un capo all'altro dei campi, da una roggia all'altra, da un fico a un albicocco come si fosse merli e tordi.

Anche per Eugenio l'infanzia non deve essere stata molto diversa:

Il padre, che era direttore dei giardini reali di Monza, lo portava spesso con sé. Fu probabilmente durante quelle lunghe passeggiate che cominciò a sviluppare l'interesse per la natura e la vita nei campi e a conoscere, anche attraverso le conversazioni col padre, i problemi di aridità dei terreni dell'alta pianura. (Wikipedia)

Oggi la faccenda si è molto complicata. Dal Canal Villoresi si diparte una fittissima rete di oltre 1.500 chilometri di canali e rogge che formano gran parte del patrimonio idrico della pianura milanese, in particolar modo dei parchi: Boscoincittà, Parco delle Cave, i campi del Parco Agricolo Sud, del Roccolo e dell'Olona. Ma il canale è anche considerato il confine sud della Brianza.

La verità è che se ti muovi per la Brianza meridionale il Villoresi lo trovi dappertutto, come il prezzemolo. È una presenza esotica, ma allo stesso tempo amica, silenziosa e discreta salvo in qualche punto dove scroscia pesante, come al così detto «quinto salto» dove fa una generosa cateratta in pieno centro di Monza. Quell'acqua svizzera (non dimentichiamo che è acqua del Ticino, quindi alla fin fine acqua extracomunitaria) fluisce da ovest ad est, parallelamente al Po, sfruttando la pendenza naturale della Val Padana.

... Ma il «quinto salto» merita un discorso in più: è infatti una vita che si parla di sfruttare quella cascata artificiale per produrre energia pulita. Con l'incentivo dei così detti «certificati verdi» (che esistono da almeno sei anni) un impianto del genere si ripagherebbe dopo due-tre anni. Energia rinnovabile nel pieno centro di Monza...

... Oggi il canale Villoresi, per il suo tratto brianteo, mostra tratti ambivalenti di delicatezza e delizia ambientale affiancati al più sfrontato degrado. Degrado che si nota soprattutto quando il canale viene messo in secca, allorché emergono gli scheletri e i rifiuti delle variegate attività umane.

Ma vederlo scorrere quando è aperto, nel suo veloce tragitto dal Ticino all'Adda, dopo Trezzo, al famoso Salto del Gatto, è ancora qualcosa che apre il cuore... (brianzolitudine.splinder.com)

Il fatto è che a guardarlo sulle mappe il Canal Villoresi rappresenta una vera e propria moderna green way e, per giunta, già tutta fatta.

Attraversa e congiunge, o potrebbe farlo con pochissimi interventi, la bellezza di undici parchi, ciascuno attraversato a sua volta da un fiume o da un torrente:

- Parco del Ticino;
- Parco del Roccolo;
- Parco dei Mulini;
- Parco del Lura;
- Parco delle Groane;
- Parco del Grugnotorto;
- Parco Nord Milano;
- Parco Valle Lambro;
- Parco del Molgora;
- Parco rio Vallora;
- Parco Adda Nord.

E forma un bosco lineare di ben 86 chilometri. Impossibile per la Regione Lombardia non tenerlo sott'occhio, anche perché all'altezza del Parco delle Groane si configura la possibilità di un varco verde-azzurro, pedonabile e ciclabile, verso il Ghisallo, come partisse da qui la riga centrale di un'acconciatura femminile arricchita dalla «sperada». Lo spillone orizzontale, il Canal Villoresi, i due fiumi maggiori (Olona e Lambro) i «cucchiaini», e i torrenti Bozzente, Lura, Guisa, Larione, Cisnara, Viamate, Garbogera, Seveso, Molgora, Trobbia, le «spadine».
Che sia questa zona lombarda la sperada della Madonnina?
Il mio primo grande amore che fu il secondo fece di mestiere, dopo che ci lasciammo, il disegnatore di «esplosi». Non so se sia un lavoro che esiste ancora, probabilmente sarà tutto computerizzato, ma allora lo si faceva a mano e bisogna esserci tagliati. Si trattava di disegnare ad esempio un motore nella sua parte principale più tutti gli altri pezzi attorno con una riga o freccia che indicava dove dovevano essere inseriti, tipo le sorprese degli ovetti Kinder per intenderci, per facilitarne il montaggio.
Quando ne venni a conoscenza pensai subito che era il lavoro più indicato per lui che era un mago delle esplosioni. Il suo amore, infatti, era una bomba a mano innescata nel mio petto: con un bacio ne toglieva la sicura.
Tre dei miei quattro fidanzati sanno disegnare o dipingere molto bene perché è fondamentale per me che certe cose restino nel tempo, fissate sulla carta o sulle tele. C'è un quadro di mio marito che rappresenta la nostra prima casa. Là il canale non c'era, ma lui ha colorato di blu tutta la strada come si fosse a Venezia o, meglio, a Milano prima della copertura dei navigli. È, tra i suoi quadri, quello che amo di più. Così, in quel dipinto, anche la nostra prima casa sta sul canale.
Mi sono domandata come mai questa zona della Lombardia, con la sua raggiera di fiumi e torrenti, soffra di siccità. Il fatto è che il terreno è permeabile e l'acqua sparisce nel sottosuolo lasciando la superficie arida e poco adatta alla coltivazione. Alle sorgenti del Villoresi, sotto il Lago Maggiore, vicino alla diga del Pan Perduto, ci sono ancora i resti di un fossato medievale (1150) nei pressi di Tornavento. «Il nome Panperduto deriva dal mancato completamento del canale,

destinato all'irrigazione, che fu vissuto dalle popolazioni come una perdita di guadagno» si legge su un cartello.

Non mi darò pace sino a che non avrò eliminato il paradosso di una cospicua parte della Lombardia, la regione più ricca di acque, afflitta dal flagello delle arsure deleterie. (Eugenio Villoresi)

L'ingegnere partì proprio dalla zona dove i nostri antenati medievali tentarono l'impresa per cercare di portarla a termine.

Appena dopo l'unità d'Italia si dedicò anima e corpo al suo lavoro, anche se nel 1868 si verificò una disastrosa piena del Ticino che distrusse tutti i suoi progetti conservati in una baracca in riva al fiume.

In vita non riuscì a realizzare il suo sogno, ma ce la fecero gli eredi,

costretti a cedere i diritti di concessione alla Società Italiana Condotte d'Acqua, una società costituitasi a Roma nell'aprile 1880... Tale società si impegnò a proprio rischio nella costruzione del canale, la cui inaugurazione avvenne a Somma Lombardo nell'aprile 1884.
Ma per portare a compimento l'opera ci vollero ancora alcuni anni: nel 1886 fu aperto il primo tronco del canale, che entrò in funzione solo dopo il congiungimento con l'Adda, nel 1890. (Wikipedia)

Ventidue anni d'attesa, la metà dopo la morte del suo ideatore, per raggiungere lo scopo di veder irrigato l'alto milanese.

La storia del canale Villoresi – piccolo-grande canale di 86 km costruito alla fine dell'Ottocento e che unisce il Ticino all'Adda – pare uscita da un film americano stile Tucker (*L'uomo e il suo sogno* di F. Coppola): la saga di un sogno finito bene per tutti tranne per chi l'ha concepito. (brianzolitudine)

Speriamo che i progetti della Regione Lombardia possano essere realizzati nei tempi previsti così che anche quelli della mia generazione li possano vedere.
Gli obiettivi sono sette:

1 – Salvaguardia di un varco verde-azzurro pedemontano
2 – Un bosco lineare di 86 km

3 – Una serie di zone umide (almeno una per parco)
4 – Collegamenti tra gli ecosistemi dei parchi attraversati
5 – Una dorsale ciclo-pedonabile per integrare i percorsi già esistenti nei parchi
6 – Recupero di secondari, con spazi per giochi d'acqua e percorsi di collegamento con le zone urbane
7 – Un idromuseo del Villoresi alle Dighe del Panperduto e a Parabiago con centri visita attrezzati.
(www.ambiente.regionelombardia.it)

I punti 5 e 6 mi riguardano direttamente perché una delle ciclabili passa proprio accanto a casa mia e i giochi d'acqua sono la mia passione e certo saranno quella dei miei nipoti.
Da piccola mi arrangiavo come potevo. C'erano il lavatoio e le vasche di cemento. D'autunno, quando il canale veniva svuotato, si andava a pescare, con qualunque mezzo, nelle pozze piene di pesciolini.
Fu proprio alla fine di settembre del '56, poco prima di entrare in collegio per frequentare la prima elementare, che qualcosa cambiò. China sopra una di quelle pozze, mi venne un brivido di paura. Avrei trovato ancora tutto a posto quando sarei tornata per le vacanze di Natale? Il canale, le vasche, le rivette? E gli amici, si sarebbero ricordati che c'ero?
Mi raddrizzai di colpo nella nebbiolina che veniva giù dalle sponde. Che sarebbe stato di me a Monza, città sconosciuta, e in collegio? Come avrei fatto a stare chiusa giorno e notte in quelle mura? Non m'importava della disciplina, tremavo per la perdita della libertà. Guardai in su con ansia come se le sponde fossero già quei muri e poi, in basso, i pesci che annaspavano.
«È un posto di lusso», diceva la mamma, «starai bene, ci sono tanti giochi e tante bambine...»
Già era pronta una valigia piena di biancheria coi pizzetti, gli odiosi pizzetti, contrassegnata da un numero.
Bambina n. 53, bisbigliai tra me, e due lacrime ingrossarono la pozza.
Tornata sulla riva, mi guardai intorno. Il tempo passato lì, l'avrei scordato? Per la prima volta nella mia vita conobbi l'invidia. Per i miei compagni di giochi, per i cani e per tutto quello che restava mentre io partivo.
M'incamminai verso casa in silenzio con gli occhi che bru-

ciavano come stessi covando una malattia. C'era un tramonto dorato, ancora caldo, i campi che svaporavano e incupivano verso est, cioè verso Monza.

«È l'ora di tornare?»

Guardai mio padre come fosse un ladro, con rancore, cattiveria, la rabbia mi chiudeva la gola. Che fastidio gli davo? Stavo sempre fuori, in giro.

Avrei perso la stagione delle fragole selvatiche, ma forse sarei stata a casa per quella delle ciliegie. L'anno successivo avrei cominciato a baciare qualcuno.

C'era infatti un bambino che mi piaceva più degli altri. Anzi era già quasi un ragazzo. Tutte le notti, in collegio, ci pensavo prima di addormentarmi. Era la mia consolazione, la mia speranza. Credetti di stringere la sua mano la prima sera d'internato. Si trattava di attraversare un lunghissimo corridoio. Ero davanti alla fila accanto a un'altra bimba sconosciuta, bassa come me. Quel percorso buio, illuminato solo dalla luna che entrava dai finestroni, era un incubo. Le piante secolari del parco gettavano ombre sinistre sul pavimento. La suora, dal fondo, ci incitava a camminare. Chiusi gli occhi e mi aggrappai, pensando a Bruno, alla mano della mia compagna come fossi cieca. Lei me la strinse e mi accompagnò fino all'altra porta. Quando finalmente la guardai in faccia mi sembrò un angelo. Bionda, riccia e sorridente. Non ricordo di averla mai più rivista.

In un battibaleno cominciò l'inverno. Ci fu una nevicata storica. I cedri del Libano del parco erano sovraccarichi. Le suore ci lasciarono libere di giocare anche con le slitte su e giù da una montagnetta. Stavo bene. La maestra mi piaceva. Preparava i nostri quaderni con dei disegni fantastici: semplici, ordinati. Cercavamo di copiare la sua scrittura nel migliore dei modi, non potevamo scrivere male e se succedeva ci sembrava un peccato, come violare il candore della neve.

Mi piaceva andare in chiesa, tutte le mattine, tutte le sere. L'odore dell'incenso, le voci delle suore che cantavano sommesse, attente. Il velo ricamato, il piccolo messale nero bordato d'oro. Presto avrei fatto la prima comunione e avrei potuto parlare direttamente con Gesù come facevano le più grandi quando, al ritorno dall'altare, sprofondavano il volto tra le mani e sussurravano cose ineffabili: Amor mio, Vita mia, Dio mio.

Le ripetevo anch'io segretamente col batticuore come fosse qualcosa di cui vergognarsi perché pensavo a Bruno oltre che a Gesù, ma ero felice come mai prima. Mi riempiva la certezza che sarebbe tornata la primavera e poi, con l'estate, il ritorno a casa.

A marzo scoprii che il canale passava anche da Monza. Lo stesso canale, il Villoresi. Me lo disse la suora che ci insegnava il francese e che ci portava la domenica pomeriggio a fare compagnia ai bambini infermi. Era di madrelingua: «Voyez, mademoiselle, c'est merveilleux!». A me lo diceva...

Camminavamo sulla rivetta perché era una scorciatoia per raggiungere la casa di Martina, una bimba distrofica, tutta rattrappita. A me colpiva la mamma, paziente, dolce, gentile. Mi dava caramelle che io mangiavo una dietro l'altra in silenzio, come fosse un obbligo, per educazione. Martina aveva una voce gracchiante, diceva cose che comprendeva solo sua madre. Io stavo zitta.

«Mademoiselle, vous êtes silencieuse!»

Sorridevo e guardavo dalla finestra l'erba verdissima delle rive. Forse erano già spuntate le viole e fra poco qualcosa avrebbe rosseggiato qua e là.

DÉDANS

di Maria Luisa Frigerio

Chissà quante volte te ne ho parlato in questi lunghi anni, e adesso che stai finalmente per tornare vuoi che cominci tutto daccapo? Non è che sia una meraviglia, anzi. I muri, vicino allo zoccolo, sono scrostati per l'umidità del terreno. Non dimenticare che siamo a due passi dal canale e che le fondamenta sono poco profonde. Il rivestimento non arriva fino alla mansarda, che è stata costruita molto più tardi, le persiane sarebbero da riverniciare così come gli stipiti, eppure è un paradiso. Così mi ha detto anche una signora che si è accostata alla nuova recinzione qualche sera fa. Si entra da un cancello verde alto all'incirca due metri affiancato da una siepe di lauro della stessa altezza. Subito ti trovi davanti una ancor giovane magnolia che adesso è tutta fiorita e profumata. In fondo, tre conifere, altissime, creano una gradevole ombra.

È li che passeremo i pomeriggi più caldi. Ho creato con le mie stesse mani una piattaforma ovale di beole per fare da pavimento alle sedie e ai tavolini che ci accoglieranno per le nostre chiacchierate. È una zona ventilata e resa ancor più fresca dalle fronde del grande acero che dovrò decidermi a far potare. Ormai ondeggia quasi rasente i balconi delle camere da letto. È l'albero che amo di più e quando lo vedrai capirai il perché.

C'è un ulivo esile, il roseto e la vite d'uva americana impegnata a creare un berceau davanti alla porta di casa. Il caco, il nocciolo e il susino sono ormai al di là della recinzione, patrimonio di tutti. I tre fichi giganteschi, il pruno/goccia d'oro, il melograno, la vite d'uva bianca, l'altro ulivo e il ciliegio: perduti. Quest'ultimo è ancora in piedi perché fino all'arrivo della primavera pensavamo fosse vivo. I caterpillar gli hanno strappato parecchi rami, ma non ha perso la sua bella struttura tondeggiante sotto e slanciata in alto. Non ho cuore di abbatterlo. In compenso, con la costruzione della ciclabile, abbiamo una bella vista sul canale e finalmente un sacco di gente che passa sotto casa. Non puoi immaginare quante persone si fermino a guardare i miei gatti, soprattutto adesso che ci sono i piccoli. Le femmine che ancora li allattano vigilano come sentinelle. Lasciandogli i cuccioli riesco a evitare le gravidanze autunnali che hanno quasi sempre esiti fatali per la prole quando arriva freddo.

Sei sicuro che ce la farai a venire per fine mese? Io non mi fido molto delle tue promesse. Avevi giurato, quando abitavi a Parigi, che saresti venuto a trovarci a Moneglia per una breve vacanza e non l'hai mai fatto. Per dieci, dico dieci anni di fila!

Non troverai più la donna che credi di trovare. Lo capisco dalle cose che mi scrivi. Sono invecchiata e un po' stanca, ma amo moltissimo questa casa che mi dà tanto da fare. Quando colgo le rose gialle, quelle più odorose, penso a te e all'abito che mi regalasti per il mio quarantacinquesimo compleanno.

Ecco, li senti? Sono i ragazzi che si tuffano dopo la curva del canale. C'è divieto di balneazione, ma lì non li vede nessuno. Però fanno un chiasso tale che si possono sentire anche a centinaia di metri. L'acqua trasporta tutti i suoni e li rende più allegri, garruli... Non è un aggettivo tra i tuoi preferiti, ok, è un po' démodé.

Te l'ho già detto al telefono? Ieri c'era un picchio che becchettava il tronco del ciliegio. Il primo di tutti questi anni. Passano anche anatre sull'acqua che arrivano da chissà dove e perfino germani reali. A volte, affacciandomi al balcone della mansarda, mi sembra di vivere in un film di Walt Disney, non fosse per gli scatoloni delle ditte che circondano quest'oasi di verde, alcuni vicinissimi, che mi ostino a non guardare.

Per la lontananza dalle fabbriche era più fortunata la tua casa di Parigi. Mi piacevano molto quei platani che ombreggiavano le tue finestre, così gialli in autunno che accendevano d'oro tutto il vialetto. Ci passavo sotto a tua insaputa, senza sentire il bisogno di parlarti o semplicemente dirti che ero lì.

Qui non ci sono ingressi con le passatoie rosse sulle scale, ma un semplice zerbino di plastica. Quelli di cocco i gatti me li sfilacciano a furia di farsi le unghie. Il piano terra è freschissimo d'estate, ma c'è solo la lavanderia, una zona guardaroba, un piccolo spazio palestra (spalliera e cyclette), più la scala della cantina e la porta del garage. Un'altra scala di legno porta ai tre piani superiori.
Cucina e sala con camino al primo, due camere e bagno al secondo. La mansarda è stata progettata come un piccolo appartamento indipendente, un open space tranne che per bagno. Il balcone, sotto il tetto, è lungo ben nove metri. Non sono mai riuscita a riempirlo di gerani come usano fare in montagna o come quei tuoi amici monzesi di Bormio con i loro chalet. Nemmeno quest'anno che arrivi tu ad abitarci.
Non vedo l'ora di rannicchiarmi sul divano ad ascoltare le tue storie e a farmi zittire ogni volta che tento di dire la mia. Sono sempre stata incantata dal tuo disincanto e parlo, anche quando so che sarebbe meglio tacere, per provocarti. Ma visto che insisti per sapere ogni dettaglio della casa, mi vedo costretta a essere loquace anche in questo frangente.
In sala ho appeso tutti i tuoi quadri: sì anche quello grande con le rose rosa. Tutto ciò che mi hai regalato ha a che fare in qualche modo con questo fiore: non per nulla sostieni, ridendo, che sono la tua madonna. Com'è stato facile da ragazza infatuarmi di te! Niente mi ha reso felice come questi regali sempre inattesi mentre la tua vita trascorreva così lontana dalla mia...
Non mi par vero che per un paio d'anni, gli ultimi prima della maturità, abbiamo preso lo stesso tram per andare a scuola a Milano, quando ancora abitavi qui in paese. Santa decisione quella della preside del collegio di buttarmi fuori! Finalmente le statali e la libertà, dicevo tra me.
Quelle mattine gelide d'inverno sulle rivette del canale, imbacuccati nei nostri cappelli di lana e nelle nostre sciarpotte colorate... Tu che alitavi sulle mie mani ghiacciate per scaldarle o, addirittura, pretendevi che le infilassi nelle tasche del tuo montgomery costringendomi a camminare come un'idiota dietro di te, appiccicata alla tua schiena. Com'è che non avevamo i guanti?
Le mattine d'inverno sono bellissime anche nella mia casa

sebbene siano una meraviglia anche in questa stagione durante la quale profumano di gelsomino e le camere sono letteralmente inondate dal sole.

Oh, se fossi rimasto! Avresti sentito il suono delle nostre belle campane scivolare sull'acqua a ogni risveglio, insieme a quelle di Sant'Eusebio e di Cinisello.

Mi chiedi se sono riuscita a inserire i tuoi mobiletti nel mio arredamento. Certo che sì! Ho trovato, secondo me, una sistemazione deliziosa. Quello vagamente tirolese con le roselline azzurre e le margherite, che mi hai fatto recapitare dalla montagna, è in salotto, appeso di fronte al camino. Un Natale gli avevo messo di lato due fronde di pino finto abbellite da rose di seta e piccoli frutti colorati: non le ho più spostate perché stanno benissimo. L'altro, che era davvero malandato e pieno di tarli, ha trovato posto sul balconcino della cucina, quello che tu chiameresti «il poggiolo». Mi fai troppo ridere quando ti ostini a usare questi termini per nulla brianzoli, ma lo sappiamo tutti che ci tieni a ostentare la tua origine mezza livornese. Mi sa che chiami «poggioli» anche i balconi del tuo appartamento a New York, ma non possono esistere poggioli americani!

Mio dio, quanto gracchiano questi corvi. Hanno fatto il nido sul pino più alto, ma ho l'impressione che l'incredibile temporale della settimana scorsa gliel'abbia spazzato via. Speriamo si sistemino altrove. Anche il nido delle tortore è volato chissà dove. L'avevano intrecciato sopra la trave centrale della mansarda. Invece ha resistito quello tra i gelsomini sul balcone del salotto. Non saprei dirti che tipo di uccellini siano questi, sono arrivate nuove specie da quando hanno costruito la ciclabile, perfino delle gazze che non si erano mai viste prima. Però sono spariti un bel po' di merli e di passeri e la coppia di pettirossi che abitava qui da anni.

Oggi c'è un cielo azzurrissimo. Le nuvole di panna si spostano da sud a nord con una certa velocità. Dal giardino le vedo sostare intorno al campanile come ci si impigliassero.

Cos'è che stavo dicendo? Ah, il secondo mobiletto... Fortuna che avevo ancora le chiavi del magazzino di tuo padre e ho potuto recuperarlo. Sai, è successa una cosa incredibile. Stavo pensando di fargli un trattamento antitarlo perché ero stufa di scopar via tutte le mattine la segatura che trovavo per terra e sulle modanature delle antine, quando mi sono accorta che dai buchi fuoriuscivano delle formiche. Ho pensato subito che ci fosse un formicaio all'interno e ho fatto un'accurata ispezione. Nulla. Man mano che passavano i giorni la segatura diminuiva finché un giorno sparì del tutto. Credo di poter dire con certezza che le formiche si sono mangiate i tarli! Non ti pare una cosa formidabile?

All'interno ci metto le bottiglie del vino, quelle della cedrata e i vasetti delle conserve da buttare. Una volta la settimana lo svuoto. Sul ripianino di marmo hanno trovato posto alcune delle mie più belle piante grasse, la piccola orchidea che d'inverno ritiro e un vasetto di rose mignon. Un tondo con la copia dell'unico Cristo a cavallo della storia dell'arte, appeso al muro, completa la parete di sinistra. È un cavallino bianco, tanto basso che i piedi di Gesù sembrano toccare terra. Un cavallo come quelli francesi che abbiamo visto in Camargue.

Accostati alla ringhiera ci sono parecchi vasi: un bosso a palla sul suo lungo stelo, delle margherite gialle, un'ortensia e un pitosforo enorme per la piccolezza del balcone. Ci stanno perfino un tavolino con due sedie per la prima colazione e una mensolina shabby con sopra delle viole, un amore. Ho anche abbellito la persiana scorrevole con alcuni mazzi di lavanda, così ogni mattina, quando la apro, provoco un'incantevole onda di profumo. Sì, lo confesso, anche se sono sola, qualche volta bevo il mio caffè seduta lì fuori. È un luogo troppo romantico, in verità, per starci in solitudine, e mi mette un po' di nostalgia.

Mia madre vive praticamente in camera sua e non ama la compagnia quando mangia. È talmente lenta che non vuole spettatori. Ci mette tanto di quel tempo a spezzettare i biscotti che il tè quasi si raffredda prima che cominci a sorseggiarlo.

Dell'arredamento della cucina ti ho già mandato parecchie foto, quest'anno ho cambiato il tavolo. Mia madre si è finalmente decisa a regalarmi quello rotondo di noce che aveva in sala. Ricordi? Quello che usavamo per le nostre partite a carte. Ci ho messo intorno le sue bellissime sedie imbottite e l'ambiente ha acquistato un'aria così rétro che quasi tutte le mie amiche me lo invidiano.

Il balcone della sala è meno arredato. C'è un grande vaso col gelsomino e la tua vecchia voliera arrugginita piena di uccellini finti. Li svendevano nel vivaio qui vicino, sono molto graziosi perché fatti con piume vere: ho perfino due pappagalli, uno verde-azzurro e uno bianco. Sembrano vivi!

Tu adoravi i pappagalli e, ogni volta che incappavo in qualche parola con molte erre, mi prendevi in giro per la mia, moscia, gracchiando: «Lorrreto, Lorrreto». Dio, quanto eri cretino! Ma erano le cocorite la tua passione. Ne avevi anche tu di verdi e di azzurre, quest'ultime le chiamavi «cilestrine», alla faccia degli aggettivi démodé.

Senti, ma sei sicuro che debba raccontarti proprio tutto «minuziosissimamente»? Come ti è venuta quest'idea?

Va be', allora ho dimenticato di dirti che in cucina, proprio sopra al tavolo, ho appeso un lampadario di ferro che fa luce solo con le candele. Naturalmente ho lasciato i faretti per l'illuminazione solita, ma quando è arrivato quel temporale e si è interrotta la corrente per qualche ora, l'ho acceso e ho potuto cucinare senza troppo disagio. Sotto ogni candela ho messo una piccola corona di roselline rosse.

Cosa dicevi tu citando non ricordo chi? «La vita è ingovernabile perché romanzesca e la sua essenza è la bellezza romantica.» Mi dirai che questa frase non c'entra nulla con quello che ti sto raccontando, ma ne ho mai azzeccata una? Eppure faccio grandi sforzi per mandarle tutte a memoria.

Ma dov'ero rimasta? Ah sì, al secondo balcone.

L'interno della sala è abbastanza suggestivo. Il locale non è molto grande perché la scala porta via parecchio spazio, ma ci sta un salottino rosso a righe gialle, un tavolo da otto-dieci persone più una grande libreria a ponte e un mobile basso e lungo. È suggestivo per via del caminetto, per i complementi d'arredo di modernariato, per i quadri, i tappeti e per l'aria country che vi si respira. Le mie amiche dicono che riuscirei a far sembrare country anche una navicella spaziale.

Non posso stare a raccontarti le diverse apparecchiature della tavola quando invito qualcuno, sarebbe una cosa barbosissima. Sono belle da vedere lì per lì, caso mai ti anticipo quella che ho in mente per il tuo arrivo proprio per non deludere del tutto il tuo desiderio.

Sarà tempo di ciliegie, così ho pensato di stendere la tovaglia bianca a quadrotti rossi della zia Ines. Devi ricordartela per forza! È l'unica cosa che mi è rimasta di lei oltre le sue fotografie. I tovaglioli sono l'esatto negativo: rossi a quadrotti bianchi. È ormai difficile trovare ciliegie con le foglie attaccate, così credo che utilizzerò quelle novelle dell'alloro. Sono tenere e ben allungate, ingannano moltissimo.

Spargerò le ciliegie e le foglie a piccoli gruppi sulla tovaglia dove danno meno fastidio, quelle gemelle le poserò sui piatti candidi, sempre affiancate da una fogliolina.

Candele verdi in candelieri bianchi di ceramica. Tovaglioli arricciati da un nastrino bianco a pois rossi. Il quadrettato con i pois sta benissimo e le ciliegie sono tonde come grossi pois.

Tutto qui? Be', non è mica quella di Natale! E poi la semplicità e la natura sono l'essenza del country. Una sera ho preparato una tavola fantastica. Erano i primi di ottobre, faceva freschino e per non utilizzare i caloriferi ho acceso il caminetto.

Tovaglia écru quadrettata in marrone. Pigne e foglie secche qua e là. Ho posato, sopra i piatti avorio, dei piattini di carta per l'antipasto dello stesso colore, ma bordati in marrone e con stampata al centro una bella testina di capriolo. Portatovaglioli di paglia intrecciata a due stecche di cannella.

Ti domanderai quanti servizi di piatti ho. Una follia! Ben cinque, ma tranne quello della Richard Ginori e quello della Villeroy A. Boch, sono tutti da sei.

E le posate? Quattro servizi: quello argentato della mamma, due d'acciaio e uno acciaio e blu.

I bicchieri? Quelli di cristallo ormai dimezzati, quelli di vetro a stelo lungo da dodici, sei di ceramica arancione, sei bassi di vetro con bordo verdino, i flûtes viola, otto bicchierozzi per i long drink, sei rossi sempre di ceramica, dieci per gli aperitivi e altri sei che si possono usare per vari usi. Ma in garage ne ho ancora: sono impacchettati e nemmeno me li ricordo perché me li ha dati qualcuno che voleva disfarsene. Quando resterò senza andrò a riesumarli.

Tovaglie: una quindicina più quelle americane e i runner. Portatovaglioli di tutti i tipi, circa dieci scatole, molti fatti da me.

Candelieri, centri tavola, segnaposti e coppette in quantità.

Candele delle più disparate provenienze e in tutte le forme. Moltissime regalate, altre comperate.

Ti ho stufato? Uomo avvisato...!

Dai, chiudo il file e torno all'arredamento.

No, aspetta, non posso tralasciare la tavola che ho preparato per i pronipoti a Santo Stefano.

Tovaglia candidissima coperta da un tulle azzurro con applicate stelline d'argento. Con le stesse ho decorato i bicchieri e i bordi dei piatti bianchi. Candele bianche e candelieri d'argento. Portatovaglioli di piume bianche intrecciate a perle d'argento. Un volo d'angeli appesi al lampadario. Sembrava di essere in paradiso!

E quella africana? Ho dimenticato nell'elenco dieci piatti di media grandezza decorati con elefanti, zebre e ghepardi. Li appoggio su piatti grigi molto più grandi e su una tovaglia giallina con una fantasia che ricorda le onde di sabbia del deserto. Ho fatto plastificare dei disegni con vari animali africani che dispongo a piacere. Portatovaglioli di palline di legno e grosse candele marrone scuro completano l'apparecchiatura.

Ok, basta, mi fermo qui se no mi arriva qualche tua maledizione.

Aggiungo soltanto che questa mania è iniziata con la malattia di mia madre: non potendo uscire ho cominciato a invitare gli amici e a volerli ogni volta stupire.

«Lo stupore è sempre una domanda, almeno segreta, che tocca le fibre ultime del nostro essere.» Stavolta c'ho azzeccato, vero?

Quando mi domando il perché di tutte queste messe in scena, sono la prima a stupirmi perché la risposta è semplice e disarmante: fare tutto quello che si può è l'unico modo per fare veramente qualcosa. Ma anche questa affermazione deve essere tua, solo che l'ho capita molto tardi.

Oddio, adesso mi vengono in testa decine di cose che mi ripetevi, ma torno a precipizio alla descrizione della casa.

Come ti dicevo, le camere sono due. La mia ha un grande letto in noce con testata in paglia di Vienna ad arco. Per quasi tutto l'anno lo copro con un boutis francese stampato a fiori di campo: papaveri, fiordalisi, crochi, tarassaco e margheritine. Le pareti sono di un tenue giallo decorate con un festone, dipinto direttamente sul muro, a circa due metri d'altezza: stessi fiori del trapuntino più qualche giglio colorato e piccole ghiande. Qui ho messo tutti i tuoi quadri raffiguranti paesaggi montani e marini. C'è anche l'altorilievo con la Madonna e il Bambino della zia Amelia e, sulla mensola sotto, la fila di angioletti di gesso che uso anche per il presepe. Sopra l'armadio, alto un metro e mezzo, un'infinità di cornici con le foto di famiglia. C'è anche la tua, quella che mi hai mandato dal mare, con il cappello di paglia e quello sguardo impertinente che adoro.

La scrivania accostata alla finestra con il computer e la stampante, un mobiletto di noce con i documenti stracarico di riviste, due cassettiere dell'Ikea e due mensole stracariche di libri completano l'arredamento.

Un accenno alle tendine in cotonaccio cinese, ricamate a guipure. Troppo piccole per le mie porte finestre, le faccio scendere, stiratissime, al centro del vetro e le raccolgo in basso arricciandole con un nastrino. Una chicca! Le ho pagate 5 euro.

Ma la cosa più bella di questa stanza è il piccolo quadro che mi hai fatto a Camogli quando avevo diciassette anni. Davanti a uno scoglio, avvolta in un asciugamano di un tenero lilla, ti sorrido in bilico su zoccoli dall'altissimo tacco di metallo.

Che vacanza! Indimenticabile quanto quella durata tre mesi a Bormio.

Mi chiamavi Holly, come la Golightly di Truman Capote, perché giravo sempre con gli occhialoni neri da sole anche di sera. Li ho ancora in qualche cassetto.

La camera di mia madre ha le pareti a libreria tranne dove c'è il tavolino e il letto.

Il suo armadio è nel corridoio, ma ne occupo una parte anch'io.

È una camera estremamente sobria, senza nemmeno le tende perché lei vuole avere il massimo della vista. Il suo letto è proprio davanti alla porta finestra e, se il sole le dà fastidio, preferisce socchiudere le persiane. Ci sono due poltroncine spaiate per lei o per le persone che la vengono a trovare. È molto importante che gli anziani possano usufruire di sedute diverse, si evitano gli arrossamenti e le successive piaghe da decubito.

PARTE SECONDA

INDAGINI

Questa seconda parte presenta gli elaborati di un gruppo di studenti che hanno partecipato, durante l'A.A. 2008-2009, al Laboratorio di Etnografia Narrativa proposto dalla Facoltà di Sociologia dell'Università Cattolica di Milano agli studenti che intendono conseguire la laurea specialistica in Ricerca Sociale.

Tema degli scritti è stato lo stesso proposto per l'Expo milanese. Siamo partiti da uno spunto di Stefano Boeri – che osservava come il modo di alimentarsi a Milano sia radicalmente mutato nel giro di pochi anni – per individuare quattro aspetti dell'alimentazione milanese caratteristici di questi anni, con quattro origini e quattro percorsi completamente diversi tra loro.

Camilla Motta e Federica Sacchi, *iscritte al corso di specializzazione in sociologia ma provenienti da studi letterari, hanno affrontato la grande moda del* Sushi bar, *mettendo in mostra sia l'origine del fenomeno sia la sua incidenza sul modo di* pensare *la cucina anche da parte di famosi chef milanesi. Non solo, insomma, un tipo di cucina, ma una ben precisa filosofia del gusto, che sta ormai investendo anche il modo di pensare (e* rivisitare*) i piatti di casa nostra.*

Giacomo Balduzzi, *dal temperamento più rigoroso e scientifico, ha lavorato sul fenomeno delle «case dell'acqua», che interessa per ora principalmente la fascia meridionale della città, sintomo di un'inversione di tendenza nel processo di de-territorializzazione dei beni comuni, caratteristico della società postmoderna. Mentre i luoghi tradizionali d'incontro sembrano destinati a scomparire, il bisogno di aggregazione crea nuove forme, nuove occasioni.*

Giovanni Castiglioni, Arianna Cavenago *e* Daniela Rossetti *hanno studiato il fenomeno, tipicamente milanese, dell'*happy hour, *mettendo in mostra la duttilità di questa formula, di cui la crisi economica ha messo in mostra molte possibili estensioni, sia nella proposta che nel target cui è destinato. Abbiamo così diversi casi di* happy hour *«a tema», mentre si va affermando la tendenza di persone adulte, quando non anziane, a ricorrere all'*happy hour *per risolvere a poco prezzo il problema della cena quotidiana.*

Sabrina Zanconi, *infine, si è occupata del caso più drammatico, in cui si avverte più profondamente lo «scontro di civiltà». In compagnia di un'amica musulmana di seconda generazione si è avventurata nel mondo di quelli che noi chiamiamo «kebabbari», ricostruendo poi, con una scrittura fresca e semplice, un racconto in cui la conoscenza del diverso si mescola con la più classica delle abitudini: quella degli acquisti natalizi. Una specie di invito a tutti noi che amiamo lo shopping: acquistate regali, ma non dimenticatevi di acquisire conoscenze.*

IL SUSHI
Milano Meets Japan. Il successo dei ristoranti giapponesi nel capoluogo lombardo

di Camilla Motta e Federica Sacchi

Se la raggiungi da una delle tante vie d'accesso, che siano rotaie ferroviarie o svincoli di tangenziali, Milano è un disordinato insieme di quartieri dal progetto architettonico forse funzionale ma poco armonico perché fatto a sua volta di decine di progetti diversi, quali sviluppati, quali abortiti sul nascere, senza contare i segni della guerra, le cicatrici mai più cancellate. La periferia è nascosta da alti palazzi, sedi legali o finanziarie di società multinazionali e italiane, che proteggono i quartieri residenziali ordinati e dignitosi allungati fin dentro il cuore della città. Ed è da questi colossi dell'occupazione impiegatizia che inizia un viaggio in una piccola parte del variegato mondo di lavoratori stranieri che hanno trovato in questa città il terreno fertile per prosperare. Vogliamo scoprire la comunità giapponese. Quella che lavora e vive proprio grazie agli impieghi che imprese e società, nipponiche e non, offrono in questa città.

Nel nostro viaggio incontreremo dirigenti scolastici, camerieri e chef che con orgoglio raccontano del loro paese, della loro cucina e delle loro tradizioni, insomma della loro cultura; sono fieri, cercano i termini più appropriati nel loro, alle volte limitato, vocabolario, parlano lentamente, scandendo ogni parola, caricandola oltremodo di significati e di valori, eleganti, le loro spiegazioni si arricchiscono nella nostra mente già nutrita di molte fantasie, e il racconto si anima, così quelle parole e quegli odori divengono immagini di luoghi lontani, di tradizioni poco conosciute che tanto ci riempiono di curiosità; che ci rimandano alla grande quantità di storie, fumetti e cartoni animati che negli anni della nostra infanzia e adolescenza riempivano i nostri momenti distesi facendoci scoprire poco alla volta usanze e tradizioni tanto diverse dalle nostre.

Come dimenticare lo stupore del rito del bagno, o ancora la curiosità che ci assaliva quando da certe ciotole colorate i nostri supereroi cartonati attingevano con maestria e naturalezza spaghetti di soia, rotoli di pesce e verdissime foglie di alga!

Così, silenziosamente, familiarizzavamo senza troppa consapevolezza con una cultura che di lì a pochi anni sarebbe esplosa in Occidente, elegante nel vestire, essenziale nell'arredare, con un'infinita cordialità nelle forme relazionali, e una cucina così sana e originale da attrarre a sé un numero sempre maggiore di curiosi e appassionati.

Aprendo le *Pagine gialle* o digitando in un qualsiasi motore di ricerca le parole «ristorante» e «giapponese», davanti ai nostri occhi troviamo una grandissima quantità di nomi e indirizzi, ma sono tutti veramente giapponesi? Gestiti da personale giapponese? Ebbene com'è immaginabile la risposta è negativa, e allora come fare a trovare un vero ristorante giapponese?

Girando tra i vari locali, alla ricerca di informazioni e immagini da poter poi raccontare, ci siamo imbattute in un piccolo quanto affascinante ristorante, il Shokujitei, al suo interno pochi tavoli e un bancone che affaccia direttamente sul piano di lavoro dello chef, ci sediamo proprio lì e mentre attendiamo di mangiare il nostri sashimi e la nostra tempura, accanto a noi in un cestino portagiornali troviamo svariate riviste giapponesi e dépliant che parlano di corsi di lingua e di eventi per la comunità nipponica di Milano, prendiamo qualche rivista per osservarne le immagini e l'eleganza dei caratteri di scrittura, e tra queste scopriamo un pieghevole bianco e bordeaux, a stampa floreale con l'intestazione Associazione Italiana Ristoratori Giapponesi: ecco quello di cui avevamo bisogno! Dentro, solo dieci nomi di ristoranti. E tutti gli altri nomi che abbiamo trovato tra internet e *Pagine gialle*? E tutti i ristoranti e i sushi bar che si vedono girando per la nostra città?

L'Associazione dei Ristoratori Giapponesi è una associazione nata nel 2003 con lo scopo di promuovere l'educazione al gusto della cucina e del cibo giapponese attraverso eventi e degustazioni, proponendo curiosità e stimoli culturali noti e meno noti, e riscoprendo ricette tipiche legate alle diverse realtà regionali e all'unicità di ogni stagione.

Da un sushi restaurant in via De Amicis, il Tokyo fish, inizia il nostro viaggio nella tanto amata cucina giapponese. Ammettiamo che ci piacciono molto i sapori di questa cucina e in particolare le forme semplici e l'ordine delle varie presentazioni. In questo primo ristorante incontriamo un gestore italiano che, dopo studi sul Giappone e sulla sua cucina, ha deciso di aprire questo ristorantino in posizione centrale dove ogni giorno giovani lavoratori e studenti a mezzodì e coppie o gruppi di amici quasi sempre under 40 la sera approdano, chi per moda, chi per passione, a degustare la cucina del lontano Giappone.

Che Milano sia un melting pot di etnie e culture lo sappiamo, la comunità maghrebina e quella cinese sono e sono state più volte oggetto di attenzione dell'amministrazione pubblica e della stampa locale e nazionale, ma nessuno immaginiamo abbia mai sentito riecheggiare un qualche fatto di cronaca legato a questa comunità così vicina ai ritmi e alle richieste della metropoli che la ospita ma anche riservata ed elegante, nascosta dietro tradizioni millenarie che non si perdono nemmeno a migliaia di chilometri di distanza. Cosa conosciamo di questo popolo? Solo marche di moto e telefoni, i già citati cartoni animati che hanno fatto la fortuna delle reti commerciali negli anni Ottanta, la terribile bomba atomica che ci ha spaventato e affascinato ai tempi della scuola, figure al limite della realtà come i samurai e i lottatori di sumo.

Bisogna ammettere che il ristorante di via De Amicis non ci offre la risposta che cercavamo, o meglio apre nuovi interrogativi sulla comunità giapponese e sul perché i loro ristoranti riscuotano tanto successo nella metropoli dell'effimera moda che dai divani ai quartieri, dall'arte alle scarpe non risparmia nemmeno il non più così sacro momento del desinare.

Il dottor Nakamura, direttore amministrativo della scuola giapponese di via Arzaga, ci informa che i primi ristoranti giapponesi della città si rivolgevano a quella clientela che lavorava negli scintillanti palazzi cui si accennava poco fa. Manager, businessmen, giapponesi in primo luogo ma anche italiani, americani e tedeschi.

Con la nascita della moneta unica europea, con la crisi economica che è da poco definitivamente esplosa a livello globale e con l'avanzare sempre più prepotente ed economicamente conveniente della Cina nel grande circolo dei mercati, ecco che le grandi multinazionali giapponesi hanno progressivamente abbandonato l'Europa per spostare le loro sedi nel grande impero della moderna ed economica Cina. Insieme a tutto il mondo delle grandi aziende, anche quello della ristorazione si è spostato, in molti casi per tornare definitivamente in patria e lasciare quindi l'attività a nuovi proprietari, italiani o molto spesso cinesi. Uscendo dalla scuola giapponese, ora capiamo come mai in molti ristoranti giapponesi si incontrano prevalentemente cinesi. Questa è la risposta alla domanda che molti milanesi si pongono nel momento in cui ordinano sushi in un ristorante giapponese: troverò vero cibo giapponese nel piatto? No, non stanno per assaporare la vera cucina giapponese in quanto questa è spesso contaminata dalla cultura (particolarmente «saporita» in campo gastronomico) cinese. Ma se si riesce a trovare un locale interamente giapponese, e con questo intendiamo con chef nipponico, solo allora ci avvicineremo ad assaporare le vere preparazioni di questo paese. Domandiamo in giro, perché ascoltare un giapponese che ti parla del pesce crudo è come un valtellinese che ti racconta di pizzoccheri e formaggi, per lui sarà sempre il piatto più buono in cucina: è, come dire, «di parte». La naturalezza con cui tutti i cuochi giapponesi ci hanno sorriso quando, insistenti, cercavamo di capire cosa realmente affascina i milanesi che ogni sera riempiono questi locali non ci ha convinte. Ci rivolgiamo, per saperne di più, a uno chef italiano ma di scuola nipponica, che ci invita a considerare la cucina giapponese non solo come gastronomia ma anche come filosofia minimalista, rispettosa delle materie prime, razionale nel taglio del pesce e soprattutto fil rouge di molte nuove preparazioni anche italiane. Daniel Canzian, chef del ristorante Il Marchesino, è un ottimo maestro nell'introdurci ai concetti base dell'attenzione che i giapponesi mettono in cucina: gli ingredienti devono armonizzarsi mantenendo intatto il sapore, vengono scelti in base all'andamento delle stagioni, ogni pietanza prende forma nel suo piatto, anche la vista partecipa alla preparazione perfetta di sushi, pesce, carne, verdure o, ancora, frittate avvolte nel riso aromatizzato e infine in un'alga chiamata nori. Non c'è da sorprendersi quindi se Gualtiero Marchesi, maestro di Daniel, ha portato questo elementare ma inafferrabile concetto anche in una cucina più tipicamente italiana. Avremo spaghetti al pomodoro con due soli ingredienti, spaghetti e pomodoro per l'appunto, ma anche sashimi, la sola fetta di pesce crudo, e le delicate zuppe. Soddisfatte! finalmente la matassa si sbroglia; ora sappiamo qualcosa in più di questa particolare cucina. Il cerchio si chiuderà solo con il contributo di un cuoco proveniente direttamente dal lontano Giappone. Eccolo il signor Marumoto, chef giapponese dell'elegante ristorante Ran. Sedute intorno a un tavolo di legno scuro apparecchiato secondo la moda occidentale, quando fuori la città si prepara al rito dell'aperitivo, quando le strade, tra cui quella vicina al ristorante, si paralizzano per il traffico classico di fine giornata, nel buio sceso così presto perché a dicembre il sol levante di Milano non dura che poche ore, scopriamo i segreti intimi e inviolabili della cucina giapponese.

Credeteci, lo stesso prendere appunti sembrava violare la sacralità del momento, non fare domande, non stupirti, non distrarti, ascolta e immagina! Il signor Marumoto ci racconta di come unisce quotidianamente la tecnica del suo paese con il gusto italiano dei prodotti scelti e comprati ogni giorno freschi da fidati fornitori, ci mostra un grande libro, pieno di immagini e spiegazioni, scritte in kanji, hiragana o forse ancora katakana, i differenti alfabeti giapponesi; questo libro contiene informazioni riguardanti tutti i prodotti utilizzati dalla cucina giapponese e tutte le tecniche di lavorazione dei diversi prodotti, è un libro fantastico, non capiamo ovviamente nulla di ciò che vi è scritto, eppure le immagini sono così chiare che sembra quasi di poter leggere i caratteri ideografici o sillabici di ogni didascalia. La cucina giapponese non è solo sushi o sashimi: ci viene spiegato quanto sia importante la carne nella loro alimentazione e quanto le preparazioni alla piastra o al vapore siano apprezzate dalla popolazione nipponica. Marumoto ci racconta della semplicità e dell'unione dei diversi ingredienti e infine ci spiega l'importanza dell'uso di diverse posate per ogni diverso cibo, dell'utilizzo di svariati tipi di lame per gli svariati tagli della carne e del pesce; finalmente ci viene spiegato il motivo per cui bevono rumorosamente brodi e zuppe dalle ciotole e non utilizzando piatto e cucchiaio come noi: se bevendo insieme al liquido si fa entrare nella bocca anche dell'aria, bene, questa unione di elementi e temperature differenti ci permetterà di gustare al meglio ogni sapore in tutte le sue sfumature.

Una cultura che non è solo folklore ma stile di vita. Alla fine del giro per ristoranti abbiamo un'idea più chiara della vita della comunità giapponese a Milano, abbiamo un'idea più chiara dei gusti dei milanesi nello scegliere una cucina così distante: lo stile, l'attenzione all'arredo dei locali, la compostezza che il mangiare con le bacchette ti impone, i prezzi non sempre economici, e mille dettagli fini e originali sono gli ingredienti perfetti per originare una moda che calza perfettamente all'abitante di questa città sempre attento alle novità e abilissimo nel crearne e distruggerne in continuazione. Non solo buon cibo ma anche tendenze da scoprire e interiorizzare, da riproporre nel design e nell'abbigliamento. Non a caso i clienti sono sempre giovani professionisti che a pranzo e a cena si ritrovano numerosi, cosa che non ci si sarebbe mai aspettati, nei ristoranti più centrali. La cucina viene ora scelta come via privilegiata per proporre una Weltanschauung orientale che non rinuncia alle inevitabili contaminazioni stilistiche occidentali (i giapponesi non mangiano su comode sedie attorno al tavolo apparecchiato) ma che al tempo stesso resta ai margini della massificazione culturale propria di altre comunità straniere; una cucina alternativa, punto di contatto col paese d'origine ma con tante altre metropoli del mondo: New York, Londra, Berlino. Ora è chiaro ciò che intendeva comunicarci Daniel Canzian, lo chef de Il Marchesino, quando parlava di tutto quello che la nostra cucina aveva da imparare dalla tecnica giapponese e dalla sua attenzione al prodotto e ai suoi diversi «matrimoni» gastronomici.

Lo chef, i camerieri, il direttore della scuola giapponese, sono stati tutti accanto a noi, ci hanno stretto le mani, gesto che non appartiene alla loro tradizione, forse fatto in segno di amicizia e rispetto verso la nostra cultura. Tuttavia abbiamo sentito queste persone lontane, di una lontananza però non distante o distaccante, bensì carica di emozione e suggestione, carica dell'orgoglio di un popolo che si racconta, che racconta le verità su di sé, di uomini fieri di appartenere a quel popolo tanto lontano e tanto diverso. Così sono finiti gli incontri tra risate, confronti e molte reciproche curiosità; il ristorante giapponese che è tanto di moda a Milano, probabilmente seconda solo a New York per la sua quantità di sushi bar, quello dove la prima volta che ci vai hai paura di morire, quello che se sei fashion a Milano ci vai anche se non ti piace, bene, quel luogo per noi italiani così frivolo e modaiolo, ecco che nello sguardo di tutti i giapponesi che abbiamo incontrato, nel loro sguardo fieramente nipponico, si trasforma e diventa casa, tradizione e cultura di un mondo che ha semplicemente scelto di non urlare con prepotenza la sua esistenza.

LA CASA DELL'ACQUA
La qualità della vita nella megacity

di Giacomo Balduzzi

Fonti comuni

Foto 1. Un'antica fontana   Foto 2. Una «casa dell'acqua»

La casa dell'acqua è una fontana postmoderna, o forse sarebbe meglio dire post-postmoderna (intendendo la postmodernità principalmente come produttrice di non-luoghi).

La si trova nei comuni della zona sud di Milano: Pieve Emanuele, Opera, Rozzano, Vizzolo Predabissi, San Giuliano Milanese, San Donato Milanese, Buccinasco, Trezzano sul Naviglio, Corsico, Cesano Boscone.

In genere è posizionata in luoghi di passaggio, dove è facile fermarsi in auto, riempire le bottiglie con l'acqua liscia o gassata o refrigerata, a seconda delle preferenze, e caricare il tutto.

L'acqua è quella dell'acquedotto, depurata con appositi filtri e distribuita per iniziativa della società a partecipazione pubblica TASM s.p.a. (Tutela ambientale sud milanese) che intende promuovere «l'educazione ambientale e la valorizzazione dell'acqua pubblica».

Dimentichiamoci, quindi, le antiche costruzioni di pietra, le bocche scolpite da cui sgorgano acque vive e zampillanti. Questa nuova costruzione in calcestruzzo è la nuova modalità con cui l'acqua torna a essere riconosciuta e utilizzata come una risorsa del territorio. Attraverso i filtri e i pulsanti, che sono certamente meno ameni e idilliaci dei getti continui delle storiche fontane, ma permettono un minor spreco, l'acqua torna a essere riscoperta come un bene di tutti, una ricchezza dell'ambiente e della comunità che lo abita.

I comuni coinvolti nel progetto promuovono la casa dell'acqua mettendo in evidenza soprattutto il tema della riduzione dei rifiuti plastici. Il comune di Cesano Boscone, che ha dato il via al servizio nel settembre 2007 ed è fino a oggi il più attivo nell'erogazione di acqua, calcola che in un anno mediamente vengono erogati 1.899 metri cubi d'acqua, che corrispondono a 3.567 bottiglie risparmiate al giorno, 1.266.195 all'anno. Inoltre si insiste sulla qualità: i cartelli affissi nella bacheca posta accanto agli erogatori presentano una sorta di «etichetta» dell'acqua dell'acquedotto, mostrando i valori principali delle qualità chimico-fisiche: calcio, cloruri, durezza ecc. L'acqua potabile deve rispettare parametri più restrittivi dell'acqua in commercio, quindi può essere più buona e più sicura.

A ben vedere, però, queste non sono le uniche potenzialità del progetto. Il successo delle case dell'acqua, un progetto che ora si sta replicando a macchia d'olio non solo tra i comuni della cintura milanese, ma anche fuori da Milano e dalla Lombardia, sembra raccontarci qualcosa su come sta cambiando il rapporto delle città con il loro ambiente, ed è significativo che questa novità venga dalla metropoli di Milano, e in particolare dai comuni dell'hinterland.

Come cambia un territorio

Foto 3. San Giuliano Milanese

In queste pieghe periferiche della metropoli le vicende del boom industriale e quelle successive della trasformazione postindustriale sono leggibili nel paesaggio come in un quadro impressionista.

Negli anni Sessanta la periferia sud milanese ha conosciuto il boom edilizio, con la realizzazione di case che hanno accolto migliaia di emigranti provenienti dal Sud Italia. I comuni della zona sud si sono in questi anni trasformati in quartieri operai e la popolazione impiegata nell'industria ha quasi del tutto surclassato l'antico tessuto contadino. Sono gli anni delle fabbriche, dell'industrializzazione. La campagna arretra, l'urbanizzazione avanza. Negli anni Ottanta questo processo è ormai arrivato al punto massimo. La divisione tra città e campagna non c'è più, questi comuni sono ormai inglobati nel cuore della *mega-city-region*: un'immensa regione urbana che si spinge ormai oggi a nord fino a comprendere le province di Bergamo e Varese, a sud le province di Pavia e Piacenza.

Negli anni Novanta, con l'arresto all'industrializzazione e la crisi economica, questi comuni hanno visto comunque aumentare la loro integrazione nell'area metropolitana e hanno registrato un incremento demografico: da una parte, infatti, molti milanesi, attratti dai costi più bassi delle case, si sono trasferiti in queste zone, dall'altra importanti aziende del terziario avanzato si sono localizzate nei comuni dell'hinterland per ragioni analoghe.

Negli ultimi anni, invece, si assiste a un certo calo della popolazione nel territorio milanese e nell'hinterland più prossimo alla città, e questo sia per un problema più generale di decremento demografico, sia per i costi sempre più alti delle abitazioni.

Parallelamente, sono gli anni in cui si inizia a sentire l'esigenza di nuove politiche per il territorio. I flussi di persone, denaro, informazioni, merci che attraversano tutta l'area metropolitana rischiano di disgregare il tessuto sociale e ambientale di questi comuni. I cambiamenti rapidi degli ultimi decenni nel paesaggio, nella composizione sociale, nell'economia, in assenza di politiche per il territorio, rischiano di prosciugare l'identità locale: i flussi attraversano i luoghi, modificano le forme e le strutture.

Ecco dunque l'esigenza di nuove politiche che tornino a mettere il territorio al centro.

Nelle periferie, aggredite dalla colonizzazione incontrollata della metropoli, con le sue strade, i suoi cantieri, l'espansione delle linee metropolitane e le varie forme di inquinamento, si sente l'emergenza più forte, ma è lì che nascono anche le prime risposte.

La metropoli si allarga e diventa «ambiente». Le nuove politiche per il territorio che si fanno avanti timidamente vanno in questa direzione: valorizzare le risorse ambientali per superare il degrado e creare nuova ricchezza.

Dall'acqua alla terra: cascine metropolitane

Foto 4. Intorno alla «fontana»

Su queste risposte i comuni della zona sud di Milano sembrano aver fatto scelte all'avanguardia, a partire dall'acqua. Il comune di Cesano Boscone, ad esempio, ha voluto dare il buon esempio con la scelta di bere acqua del rubinetto durante le sedute pubbliche del Consiglio e della Giunta. Sono state inoltre adottate norme nel Regolamento edilizio per introdurre nelle nuove abitazioni sistemi di riciclo dell'acqua piovana e apparecchi per monitorare il consumo idrico domestico.

La storia di queste terre è una storia ricca d'acqua: foreste, acquitrini, brughiere intervallati da radi insediamenti erano gli elementi di un paesaggio ancora selvatico. L'insediamento agricolo è un processo in cui l'uomo ha lottato contro la furia dei fiumi, ha scavato rogge e canali, avviato la bonifica di vasti comprensori palustri. E anche le prime attività mercantili sono sorte grazie alle vie d'acqua, basta pensare all'opera straordinaria dei Navigli.

L'iniziativa di riscoprire l'acqua come bene comune del territorio e della comunità è un passo avanti per riappropriarsi di questa storia, per un elemento importante della cultura e dell'identità locale. E nel portale internet del comune di Cesano Boscone la «fontana postmoderna» è già diventata uno dei simboli che scorrono sulla testata della *homepage*. Ma a partire dall'acqua ecco che si costruisce un impianto più vasto. Attorno alla «casa dell'acqua», localizzata in un'area rimasta libera da un'ex cascina, il comune ha voluto realizzare un «bosco dell'acqua», impegnando uno spazio di 14mila metri quadri per la piantagione di olmi, querce, ciliegi selvatici, aceri e crocus. E il rimboschimento non riguarda solo Cesano: il progetto Metrobosco vorrebbe, in vista dell'Expo 2015, realizzare un grande anello verde intorno all'area metropolitana milanese; collaborano tutti i comuni della cintura e la Provincia di Milano.

Interessanti anche le proposte di valorizzazione delle vecchie cascine, ormai rare, sparse qua e là per l'hinterland. È la via per procedere a una riterritorializzazione non solo dell'acqua, ma di tutto il ciclo agricolo. È l'idea del «chilometro zero», ossia di abbattere le grandi distanze dal produttore al consumatore, che costano e fanno perdere qualità ai prodotti.

Piccoli tentativi in questo senso li ritroviamo ancora all'ombra della casa dell'acqua. A Cesano Boscone, accanto all'erogatore d'acqua, è stata inaugurata lo scorso autunno la nuova «casa del latte», una struttura che eroga latte «alla spina». Prezzo più che competitivo: un euro al litro. E già altri comuni hanno seguito l'idea.

Di nuovo si lavora, quindi, per ridurre gli sprechi e l'inquinamento degli imballaggi, garantendo al tempo stesso risparmio e qualità ai cittadini. Inoltre, per ogni euro di latte venduto, il comune e la Cascina Dornetti, l'azienda agricola di Cesano che fornisce il latte, si impegnano a destinare 5 centesimi «a iniziative di solidarietà nazionale e internazionale».

Delle innumerevoli cascine e corti agricole che costellavano questo fazzoletto di pianura milanese, la Cascina Dornetti è rimasta l'ultima impresa di allevatori-coltivatori residenti nel comune. È un'azienda a conduzione familiare, che rappresenta tutto ciò che è rimasto della cultura contadina locale, al punto che la cascina ha valenza anche di museo agricolo e viene visitata dalle scolaresche come «fattoria didattica». Una cascina metropolitana, oggi riscoperta nell'ottica di quello che sembra essere un ripensamento complessivo di ciò che saranno le *megacity* della postmodernità. Ormai gli orti sui tetti e nei cortili condominiali non sono leggende metropolitane. Gli equilibri ambientali ed economici stanno forse cercando nuove vie di sviluppo. È un fiume sotterraneo che però sta emergendo e, forse, travolgerà le strutture delle nostre metropoli.

L'acqua come luogo pubblico

L'identità di un territorio si forma attraverso un intreccio tra due dimensioni fondamentali: da una parte abitare un luogo, dall'altra costruire in esso relazioni sociali, istituzioni e forme diverse di convivenza. Sono le società locali che fanno un territorio, che lo delimitano, ne costruiscono l'identità. E sono i luoghi come relazioni a essere sfidati dalla civiltà dei flussi, dai movimenti veloci, dalla comunicazione a distanza.

I flussi di capitali, persone, merci, informazioni passano attraverso i luoghi, frantumandoli. Avanzano i non-luoghi, spazi senza relazione, spazi di movimento, scambio impersonale e transazioni: aeroporti, supermercati, treni, metro, centri commerciali. Sono i nuovi grandi spazi funzionali, luoghi dell'anonimato. Il movimento veloce e continuo sfida le società locali, che devono reinventarsi e ricostituirsi come nuovi nodi della rete globale.

Questa è la sfida dei territori, delle città, delle società locali: ricostituire lo spazio pubblico come luogo di relazione, dove è possibile costruire una memoria e un'identità, dove si può progettare il futuro e gestire i beni pubblici.

La fontana del villaggio si trovava spesso nella piazza principale. La fontana era luogo di incontro, di relazioni. L'acqua, bene comune fondamentale, era così posta al centro dello spazio pubblico per eccellenza, nel nodo vitale dove la società si costruiva, tesseva le sue relazioni, creava le sue forme di convivenza. L'acqua diventa così «fonte» della vita sociale, oltre che biologica. Attraverso l'acqua si crea un ponte importante, anche simbolico, tra la vita delle comunità e l'ambiente che queste abitano. Un ponte che la metropoli deve ritrovare, se non vuole implodere su se stessa.

Un viaggio nelle case dell'acqua ci fa ritrovare un nuovo luogo. Non un semplice servizio, un supermercato dell'usa e getta. Presso la casa dell'acqua, infatti, si costruiscono relazioni: la sera si incontrano persone che si fermano prima di tornare a casa dopo il lavoro. Gli anziani si trovano invece più spesso al mattino, anche con poche bottiglie, spesso in bicicletta. Inoltre, attorno alla casa dell'acqua si costruiscono parchi con panchine e giochi per i piccoli, si impiantano nuove case per il risparmio degli imballaggi (del latte, del detersivo, o quant'altro), nascono nuove associazioni e iniziative per la formazione ambientale.

È un luogo fisico e simbolico di incontro, costruzione e promozione sociale.

A Cesano Boscone sia l'amministrazione sia le associazioni presenti sul territorio (Legambiente, Slow food, gruppi di acquisto solidale, ma anche le cooperative agricole e le cooperative di consumo) recentemente hanno messo in piedi un «distretto di economia solidale» con lo scopo di moltiplicare le iniziative che vanno nella direzione di uno sviluppo sostenibile con riferimento all'ambiente, al territorio, ma anche rispetto alle grandi differenze che la globalizzazione porta con sé.

I comuni dell'hinterland milanese appaiono come un laboratorio della metropoli: là si sperimentano risposte originali e innovative, nuove forme di società civile, politiche di gestione sociale del territorio e un approccio alle risorse ambientali e alla globalizzazione. Ma non solo: in questo laboratorio sembra emergere, implicita, una nuova idea di metropoli che sa tenere insieme passato e futuro, ambiente e sviluppo economico, luoghi e non-luoghi, spazi pubblici e spazi funzionali. Una nuova realtà che dovremo costruire, ma che un po' possiamo già intravedere, forse, nascosta tra i boschi e i grattacieli tra Mortara e Milano.

Happy Hour. La «Milano da bere»... e quella da mangiare

di Giovanni Castiglioni, Arianna Cavenago e Daniela Rossetti

Prefazione

Questo elaborato nasce all'interno del corso di Etnografia Narrativa: abbiamo scelto l'happy hour come argomento di riflessione e come esperienza da raccontare perché ormai l'happy hour a Milano è considerato un vero e proprio rito che coinvolge tutti, dai più giovani agli adulti.

Il tema dell'Expo 2015 che verrà ospitato da Milano sarà *Feeding the Planet, Energy for Life*, «Nutrire il pianeta, energia per la vita». Già durante le lezioni del corso abbiamo iniziato a chiederci: che senso avrà venire a Milano nel 2015 per parlare della sicurezza legata all'alimentazione, di sostenibilità alimentare e dell'energia che ne deriva? Cos'ha Milano da offrire dal punto di vista alimentare? Che cibo consumano i milanesi? Perché – come scriveva Stefano Boeri – non starsene davanti al proprio PC o davanti al proprio iPhone e seguirsi le conferenze in diretta da qualsiasi parte del mondo?

Ogni giorno, più di duecento locali a Milano propongono l'happy hour: parliamo quindi di un evento che nella città meneghina coinvolge quotidianamente qualche migliaio di persone che cenano fuori casa, non al ristorante o in pizzeria, ma in pub e locali che offrono questo servizio.

Milano, però, non è solo happy hour: nella nostra ricerca abbiamo raccontato uno spaccato dell'alimentazione milanese, un fenomeno molto diffuso ormai da qualche anno, riflettendo sul modo in cui si è evoluto e come sia cambiato. Negli anni Ottanta, quando noi venivamo al mondo, c'era la cosiddetta *Milano da bere* (c'è chi dice che se ne parla più oggi di allora), e così ci siamo chiesti: oggi che Milano c'è? La Milano degli happy hour? Che fine ha fatto il classico aperitivo preserale?

Ci siamo soffermati sull'happy hour per comprendere com'è cambiata la cena a Milano, per capire cosa si mangia, e soprattutto rispondere alla domanda: che cos'è in fondo questo *happy hour*? Che razza di rito è?

Siamo partiti dalle sue origini, passando poi a una descrizione più dettagliata delle portate e dei cocktail che si possono gustare durante la cosiddetta «ora felice» in diversi locali milanesi. Ci siamo quindi soffermati sul suo senso, sulle sue caratteristiche e sul meccanismo che regola il suo successo; terminando con il racconto di una piccola indagine sul campo per studiare come l'happy hour possa essere un'occasione per progettare i propri impegni e la propria vita.

Noi, scienziati sociali, siamo abituati a cercare di comprendere la realtà e il suo senso. Come spesso capita, studiamo fenomeni ai quali noi stessi partecipiamo, nei quali talvolta siamo immersi e che viviamo sulla nostra pelle. Così è avvenuto anche in questo caso: noi tutti abbiamo partecipato più volte a un happy hour, ma forse fino a prima di cominciare a scrivere questo elaborato non avevamo mai riflettuto in profondità su alcuni suoi aspetti.

Il nome del corso «Etnografia Narrativa» spiega il senso di questo nostro lavoro: il ruolo dell'etnografo è quello di andare sul campo, di studiare un fenomeno attraverso differenti tecniche di analisi. Come degli etnografi, per tre mesi, abbiamo partecipato a differenti happy hour: ma in questi mesi abbiamo cercato di avere anche uno sguardo differente rispetto al solito, il più oggettivo possibile, cercando di comprendere la realtà che stavamo vivendo. Una sera di novembre, muniti di penna, taccuino e registratore siamo stati a un happy hour di avvocati. È stata un'esperienza che ci ha permesso ancora una volta di comprendere come viene vissuto l'happy hour non da giovani come noi ma da persone più adulte, con un lavoro e una famiglia.

In altre parole. Siamo semplicemente partiti dalla nostra esperienza di consumatori di happy hour, cercando di unire da una parte ciò che in questi anni di studi universitari abbiamo imparato e dall'altra provando a trasmettere ciò che abbiamo vissuto.

Introduzione

Pizzette, focaccine, bruschette, tartine, olive, patatine. Ma anche primi caldi, arrosti, cibi etnici... il tavolo dell'happy hour è sempre una ricca sorpresa di colori, accostamenti e, ormai, offre sempre più prelibatezze.

Il primo principio dell'happy hour è molto semplice: *paghi il bere e mangi a volontà*. Un giovane lo sceglie per questo, mentre l'adulto fa fatica a comprenderne il meccanismo al primo impatto.

Il secondo principio è anch'esso molto semplice, e se il primo può sembrare a favore del cliente, questo è sicuramente a favore del commerciante: *il cibo deve indurre a bere, altrimenti non si guadagna*.

Nel mezzo ci sta il fruitore, sempre attento al giusto equilibrio tra i due principi base.

Anche in un happy hour però non ci sono solo piattini e forchettine stile sette nani, ci sono storie e vite che si intrecciano. Ogni locale, ogni gruppo, ogni persona ha una storia da raccontare: la cosa più affascinante del rituale milanese, che inizia ogni giorno a partire dalle 18.30 circa, è proprio questo. Una giornata di lavoro, un amore appena iniziato oppure finito male, l'esame che proprio non si riesce a dare, l'amico che chiede un consiglio, la vacanza da organizzare.

Entrando si sente l'odore di cherosene che brucia per mantenere calde patate e crocchette, pasta e risotti. Si vedono luci soffuse e tavoli nudi, legno intagliato da scritte adolescenziali, il tavolo con casseruole e bacinelle, recipienti di ogni misura con ogni tipo di cibo, forchettoni, palette, molle affondate in piatti strabordanti di monoporzioni, piramidi di piattini dal diametro ristretto e tovagliolini a volontà. I cocktail variano dagli analcolici alla frutta, agli aromi tropicali tipo *Sex on the Beach* e *Cuba Libre pestato* passando per il *Mojito*. Ma c'è chi non rinuncia a una «bionda chiara», così come chi è affezionato al suo Negroni sbagliato, nonostante ci sia chi sostiene «No Bellini, no happy hour!».

Gente, tanta gente che cerca di aprirsi un varco per prendere proprio quella fetta di formaggio, o quella patata più abbrustolita, per selezionare la foglia di insalata eliminando la cipolla... ce n'è per tutti e la cucina prepara piatti a ciclo continuo, quindi niente panico, solo pazienza.

«Un tavolo per due, per favore.»

«Prego, da questa parte.»

Davanti a noi una coppia di stranieri che fatica a capire *You can eat all you want for only 7 euros*: ci pensa e ci ripensa, ma sembra così strano... sarà vero? A fianco un single, un uomo solo, che domanda se possono portargli il cibo al tavolo, ma «no, non si fa a quest'ora».

Poi un gruppo di ragazzi un po' eccitati dall'alcol che ridono e parlano ad alta voce di storie d'amore di amici e conoscenti...

La ricerca sociale suggerirebbe un bel questionario sociodemografico per capire chi sono questi soggetti, e poi una bella intervista, forse meglio una storia di vita per comprendere perché uno sceglie l'happy hour, l'osservazione partecipante... ma non si può rovinare un momento ricreativo con un'arida ricerca scientifica.

Ci siamo immersi nel clima.

L'impressione è che si viva al centro del mondo. Ecco, potremmo dire che l'happy hour è una pratica sociale, un fenomeno collettivo transnazionale e transculturale, una di quelle cose che molto più di leggi e decreti avvicina tutti. Ma siamo caduti nuovamente nel nostro parlare aulico... quindi correggiamo dicendo «l'happy hour abbatte quei confini che prima delle 18 e dopo le 21 sembrano invalicabili».

Ma, in fondo, gli happy hour milanesi sono così diversi tra loro? Le olive di via Farini non sono uguali a quelle di via della Spiga?

Forse no, ma le storie umane sì.

Perdere un amore succede a tutti, conquistare una promozione anche, avere degli amici con cui ridere pure.

Allora fare l'happy hour non è solo mangiare a poco prezzo, non è ubriacarsi prima della discoteca, non è non voler tornare a casa... è sentirsi parte di una città che vive, è saper sfruttare il tempo, è unire l'utile al dilettevole, è esserci... ma forse, come canta il Liga, solo per metà.

1. Happy hour: una tradizione tutta italiana

> Pochi ci pensano, ma il cibo, come il linguaggio parlato, serve a comunicare, a conoscere e scambiare le identità perché esprime sì l'identità di una terra e della sua cultura, ma sa assumere anche prodotti che vengono da altri lidi e altre culture.
>
> Enzo Bianchi, *Il pane di ieri*

L'happy hour è quasi una composizione alchemica: allegro per definizione, mondano, versatile, praticamente privo di regole, sia per chi imbandisce i banconi, sia per i commensali. Per questo oggi è una formula adottata, ma soprattutto fantasiosamente interpretata, in moltissimi locali; una geniale idea italiana, che, sempre più velocemente, si fa strada in tutto il mondo.

L'happy hour si può anche trasformare in uno spassoso invito informale: gli ospiti non rischiano di essere in anticipo o in ritardo, possono accomodarsi dove vogliono, vicino all'invitato che preferiscono, lontano dal più antipatico, e mangiare in piedi o seduti, senza posate, semplicemente misurando il proprio appetito; tutti saranno a proprio agio e, certamente, non sentiranno la necessità di incatenarsi a una tavola apparecchiata per «restare ancora un po'».

Metti un cocktail colorato che rallegra l'atmosfera, un mosaico di sfiziosi *finger food* che sciolgono i languori degli ospiti, un *patchwork* di ciotoline stracolme di golosi stuzzichini e un tocco alcolico che disinibisce la compagnia... aggiungi tutte le fantasie gastronomiche che ti passano per la testa e avrai realizzato la formula magica dell'APERITIVO!

La storia dell'happy hour è molto recente: nata come promozione di vendita di alcuni locali britannici che offrivano sconti sugli alcolici nelle ore del tardo pomeriggio per incentivare chi usciva dagli uffici, è stata ripresa e rimaneggiata dai baristi milanesi che l'hanno resa ciò che oggi vediamo a ogni angolo della strada. La «hora feliz» copre l'orario dalle 18 alle 21 circa, allungando il rito dell'aperitivo, e offrendo vere e proprie cene a prezzi imbattibili (dai 5 ai 10 euro), registrando spesso il tutto esaurito nel locale.

Il motivo di tanto successo va ricercato in diverse cause, innanzitutto il prezzo molto contenuto, e dunque accessibile a chiunque.

I locali che offrono questo servizio a Milano sono ormai innumerevoli: bar, bar-pizzerie, bar-pasticcerie, ristoranti e tabaccherie si trasformano per qualche ora in produttori di stuzzichini allettanti e dispensatori di coloratissimi cocktail.

L'elemento principe dell'happy hour è appunto il cocktail, quindi non possiamo esimerci dal descriverne almeno i tratti fondamentali. L'etimologia del termine «cocktail» non è chiara, anche se sembra derivi da «coda di gallo» (cock-tail) grazie a una bevanda dai colori accesi che veniva preparata nelle campagne inglesi già dal 1400.

I cocktail non sono tutti uguali: oltre alla classica divisione tra alcolici e non, come per il vino abbiamo svariati metodi per classificarli. Di seguito ne riportiamo alcuni:

- pre dinner (hanno la caratteristica di stimolare la salivazione con il loro gusto amarognolo e quindi indurre l'appetito);
- after dinner (attenzione! Non sono digestivi, ma bevande morbide che accompagnano la fine del pasto);
- per tutte le ore.

E ora una suddivisione più pratica:

- short (serviti in coppette da cocktail);
- medium (serviti in *tumbler* bassi o *old-fashioned*);

- long (serviti in *tumbler* alti o bicchieri di grande capacità).

Ma queste sono tutte finezze inutili se non ci affidiamo a un bravo *bartender*, ossia colui che viene comunemente chiamato «barman acrobatico»… in realtà i simpatici movimenti che compie, a volte davvero spettacolari, sono un tutt'uno con il cocktail che sta preparando!

Questa danza acrobatica viene definita *flair*, e si suddivide in *working flair* e *exhibition flair* per distinguerne la finalità (la lavorazione del cocktail e la sua presentazione al cliente).

Il barman si avvale di moltissimi attrezzi tra i quali:

- *shaker* (bicchiere per miscelare gli ingredienti);
- *mixing glass* (bicchiere per mescolare leggermente gli ingredienti);
- *store'n pour* (bottiglie di plastica con tappo a beccuccio contenenti succhi o pre-mix);
- *ice crusher* (tritaghiaccio a mano o elettrico);
- *muddler* (pestino);
- *soda gun* (pistola per prodotti sodati).

Adesso che abbiamo socializzato con l'abc del cocktail possiamo anche assaggiarne qualcuno, e perché no, provare a farlo da soli, a casa, per qualche happy hour tra amici!

Per quanto esistano libri e riviste che riportano ricette più o meno precise sulla preparazione dei cocktail, la riuscita è sempre una specie di magia, e ognuno in corso d'opera può creare la sua bevanda apportando le proprie modifiche.

Di seguito presentiamo alcune ricette classiche, e qualcun'altra un po' stravagante.

NEGRONI
Aperitivo *short drink* dal gusto amaro.
Ingredienti:
- 1/3 gin;
- 1/3 vermouth rosso;
- 1/3 bitter campari.

% di alcool: 29%.
Mettere nel *tumbler* alcuni cubetti di ghiaccio, miscelare per alcuni secondi e servire.

...e il NEGRONI «SBAGLIATO»
Il Negroni sbagliato è un aperitivo creato nel Bar Basso di Milano negli anni Sessanta dal *bartender* Mirko Stocchetto e in genere chiamato semplicemente Sbagliato.
Differisce dal classico Negroni per la presenza dello spumante brut, che sostituisce il gin. Il drink diventa così più leggero grazie alla minore presenza alcolica. La leggenda narra che una sera, una volta terminato il gin, fosse stato usato lo spumante, creando così un Negroni... «sbagliato». Il risultato, in ogni caso, piacque e così dal classico cocktail ne nacque uno nuovo.

CUBA LIBRE
Long drink a base di rum e Coca-Cola.
Ingredienti:
- 4/10 rum ambrato;
- 6/10 Coca-Cola.

Da servire in un *tumbler* alto colmo di ghiaccio, con l'aggiunta di una fettina di lime.

Ai classici cocktail si affiancano i «pestati», ossia quelli che richiedono ingredienti tritati o spezzettati. Il *Mojito* è il principe dei pestati. Ecco la ricetta:

MOJITO
Long drink a base di rum.
Ingredienti:
- 5/10 rum;
- 5/10 acqua tonica;
- 3 o 4 pezzetti di lime;
- zucchero di canna;
- foglie di menta.

Direttamente nel bicchiere si mettono i pezzi di lime, lo zucchero di canna e le foglie di menta, si pesta il tutto in modo che il succo di lime si impasti con lo zucchero e che la menta sprigioni il suo profumo. Si colma il bicchiere con ghiaccio tritato e infine si aggiungono rum e acqua tonica.

Oltre ai nostri affezionati però c'è un business anche nel mondo del cocktail; si pensi che è stato inventato, per la mo-

dica cifra di 500 euro, un cocktail guarnito da pagliuzze d'oro a 23 carati. Si chiama MINTED ed è stato lanciato in Irlanda da uno dei più famosi *mixologists*, Dimitri Lezinska.
Gli ingredienti?
- Hennessy Richard Cognac;
- Grey Goose Original Vodka infusa con una spolverata di vaniglia;
- Mozart White Chocolat Liqueur.

E ovviamente... le piccole pepite!

Come già detto, l'offerta non si limita ai cocktail alcolici, anche se questi vengono consumati molto più rispetto a quelli analcolici.

Il problema dell'alcol giovanile a Milano è molto sentito, sia dalla pubblica amministrazione che dai mezzi di comunicazione di massa che non mancano mai di denunciare questo fenomeno. Secondo l'Istituto Nazionale della Sanità, la colpa starebbe «nell'accresciuta disponibilità e accessibilità delle bevande alcoliche da parte dei giovani, complici l'abbassamento dei prezzi nelle occasioni di happy hours, la pubblicità e le strategie di marketing».

Il comune di Milano, nella figura del suo assessore alla Salute, sta realizzando un progetto che mira da una parte a vietare la vendita di alcolici ai minorenni e dall'altra a scendere in strada per «insegnare a bere responsabilmente».

In generale però, a parte quanto concerne i giovanissimi, ad attirare il pubblico per l'happy hour non è certo il cocktail, né la bravura del barista. Quello che interessa è soprattutto il cibo e, da buoni italiani, possiamo dire anche il buon cibo!

È idea comune che l'happy hour propini cibo scadente, ripetitivo e poco igienico. Effettivamente mettere tutti le mani nelle stesse scodelle per prendere patatine e noccioline non è il massimo della pulizia, ed è anche vero che spesso nel nostro locale preferito troviamo la stessa varietà della settimana precedente. È per questo che sarebbe meglio affidarsi a un locale che offre sia happy hour che cena, in modo da essere certi che ci sia una cucina a norma e che il cibo non resti in tavola tutta la settimana ma venga utilizzato in altri momenti se non è stato consumato nel preserale.

Pur stando attenti a queste piccole cose però, va ammesso che, a parte locali molto particolari, il cibo è tendenzialmente sempre uguale a se stesso, e basato su ingredienti che possano piacere a tutti: pasta, riso, pane, patate...
Il basso prezzo condiziona ovviamente la scelta dei prodotti e quasi mai contempla carne e pesce.

I buffet, sempre presentati molto bene e con grande ordine e pulizia, si distinguono tra «caldi» e «freddi», distinzione utilizzata anche dalle guide e dalle recensioni.

Molto spesso i due tipi si integrano tra loro proponendo parte delle pietanze fredde e parte calde. I buffet freddi prevedono un prezzo inferiore e una scelta che va dalle classiche olive con patatine e noccioline a tartine e tramezzini. Tutta un'altra storia per i buffet caldi, composti principalmente da pizze, primi e verdure calde.

Spesso insieme al cibo tradizionale ci sono anche cibi etnici, oggi come oggi molto di moda. Couscous in primis e poi sapori tipicamente orientali e africani come curry, sempre unito al pollo, paprica, chili, cumino... da mangiare insieme a tortillas, nachos e salse particolari.

È sempre il cibo che caratterizza l'happy hour e ne determina la «bontà». I parametri per valutarla sono molteplici: abbondanza, originalità delle proposte, presentazione dei piatti, qualità del cibo, e infine prezzo.

Medaglioni di polenta con lardo di Colonnata e noci californiane, bruschette con prosciutto crudo di Parma e fettina di fico, insalata di arance rosse, fettine di cipolla e semi di peperoncino, sono solo esempi di ricette che abbiamo «scovato» frequentando i diversi happy hour della nostra città. Non solo focaccine e olive quindi. Anzi.

Si sta aprendo una nuova frontiera anche nel campo culinario, proprio trainata dal fenomeno happy hour: il *finger food*, ossia la preparazione di piatti monoporzione, da mangiare con le mani appunto. Si può creare qualsiasi tipo di cibo in versione ridotta, che diventa comodo e veloce da consumare ma non perde il suo gusto!

Oltre ai tradizionali happy hour, intesi come evoluzione del vecchio aperitivo, ci sono anche happy hour originali e innovativi, con diversi stili e addirittura tematici. Rimandando ai paragrafi successivi la spiegazione delle origini e delle peculiarità di queste novità, possiamo ricordare qui gli happy hour tematizzati dal punto di vista gastronomico-culinario.

C'è per esempio l'happy hour di soli dolci, dai biscotti secchi ai gelati, passando per pasticcini e monoporzioni di torte; oppure gli happy hour a base di mozzarella di bufala campana DOP, gli ormai classici tex-mex o le nuove offerte di stuzzichini cino-giapponesi.

Altri happy hour sono invece caratterizzati dai cocktail: alcuni locali infatti si sono specializzati proprio in alcuni di essi, il *Moijto* ne è un esempio, oppure nell'offrire bevande sempre più ricercate, o addirittura per l'offerta di una gamma quasi infinita di proposte per bere.

Per concludere il panorama descrittivo del fenomeno happy hour, non poteva mancare una parte «legislativa». Certo, perché anche se appena nato, il nuovo aperitivo ha già un marchio che ne certifica la qualità, e precise regole da rispettare se vuole ottenerlo.

Ne riportiamo alcune tra le principali:

- l'happy hour deve essere ben segnalato e presentarsi in ottime condizioni;
- la comunicazione «happy hour» deve essere ben visibile e specificare orari di inizio e fine;
- la sala deve essere pulita e ordinata;
- la proposta di vini e aperitivi deve essere di buona qualità e ben assortita;
- autenticità e provenienza di vini e cibi deve essere garantita;
- nella cucina e negli spazi comuni devono essere rispettate le norme igieniche vigenti;
- il locale deve offrire intrattenimento ai propri clienti;
- il conto deve essere chiaro e trasparente.

Questo marchio, nato con il contributo della Camera di Commercio milanese, ha lo scopo di garantire la qualità del servizio valutando tutti gli aspetti dell'ospitalità: ambiente, immagine esterna e tempi di attesa, assortimento eno-gastronomico, pulizia, rispetto delle norme sanitarie. La richiesta di ottenimento del marchio deve essere avanzata dal locale stesso su base volontaria, e l'accertamento dei requisiti necessari è effettuato da tecnici formati appositamente.

2. Happy hour e uguaglianza

Milano è la città degli happy hour dove la scelta sembra essere infinita: si va dalle atmosfere più *glamour* sconfinando per lo stile *kitsch*, dagli *Irish pub* agli stili anni Trenta e Cinquanta, passando per i sushi-happy hour e i sapori orientali fino ai *lounge bar* in stile indonesiano. Ma ancora: *wine bar* ed enoteche, atmosfere rilassanti e soffuse oppure happy hour con sottofondi musicali dal vivo. *American bar*, locali accoglienti con comodi divanetti, arredamenti alla francese, happy hour a tema. Abbinamenti di piatti caldi e piatti freddi, sapori sani e genuini, buffet accattivanti, patatine fritte, insalate, salumi, tartine, olive ascolane, sushi e sashimi, particolarità greche... e chi più ne ha più ne metta. Questo è l'happy hour a Milano che può accontentare tutti.

Si possono trovare locali che offrono *finger food* salutari per coloro che vogliono stare attenti a ciò che si mangia, ma vi è anche la formula del *Business Hour* rivolta a coloro che anche nel momento dell'aperitivo intendono parlare di lavoro e concludere affari. Nella «città del lavoro» l'happy hour può essere l'occasione per discutere e chiudere un contratto oppure per progettare la successiva giornata lavorativa. Alcune aziende, all'interno del ciclo di incontri «Aperitivo con il direttore», hanno utilizzato l'happy hour come occasione per presentarsi ai giovani aspiranti. Nei locali di tendenza alcune grandi organizzazioni e multinazionali hanno incontrato giovani con requisiti ben precisi in base al loro percorso di studi. La pubblicità degli incontri recita così: «Le aziende leader si presentano ai giovani brillanti in un contesto piacevole e informale. Entra nel mondo del lavoro con un aperitivo!». Magari fosse così semplice! Il binomio happy hour/lavoro o happy hour/azienda non è poi così assurdo come potrebbe sembrare: nonostante le origini *British*, il meccanismo che costituisce l'happy hour sembra prendere spunto anche dai momenti ricreativi aziendali, dai dopo-riunione delle grandi organizzazioni dove i ruoli di dirigenti, quadri, impiegati, segretarie scompaiono e si è tutti sullo stesso piano. Organizzare un happy hour nel quale il direttore di un'azienda si presenta ai giovani aspiranti ricalca pienamente la logica dei rituali aziendali, dove, in un luogo ben definito e in un tempo limitato, i ruoli e le gerarchie organizzative come per magia spariscono: il contesto diventa informale, ci si slaccia la cravatta e ci scappa qualche pacca sulla spalla. Quando tutto ciò finisce, però, ognuno rientra nel proprio ruolo e torna al suo lavoro.

A Milano, incontrarsi a fine giornata di fronte a un cocktail o a una birra media non sembra passare di moda, e se a questo si aggiunge anche la possibilità di stuzzicare qualcosa o addirittura abbuffarsi, il risultato è ottimale. Che si beva un cocktail, una birra, una Coca-Cola o semplicemente acqua non importa: l'happy hour lo si può fare con qualsiasi bevanda.

Gli happy hour nella metropoli ambrosiana coinvolgono ogni sera più di duecento locali: la movida milanese sembra non arrestarsi, nonostante le puntuali polemiche per il rumore e il degrado che emergono con l'apertura estiva dei locali e permangono lungo tutto l'anno. Secondo l'Osservatorio «Nathan il Saggio Srl»[1], Milano è l'ottava metropoli mondiale della movida e il suo punto forte sono proprio gli happy hour.

[1] «Nathan il Saggio Srl» è un osservatorio giornalistico internazionale. Nell'agosto 2008 ha presentato a Palazzo Marino i risultati di una ri-

L'happy hour viene definito anche come un evento quotidiano di massa che ha sostituito il classico aperitivo: non solo i pub lo propongono, ma anche bar e ristoranti che vedono l'occasione di un pre-dinner assolutamente economico. Se l'aperitivo classico era il momento che precedeva la cena e veniva vissuto in tempi più veloci e ristretti, l'happy hour invece è più dilatato nel tempo, molto spesso sostituisce la cena stessa e non ha troppi vincoli di orario. Maria Verderajme, presidente dell'ACTL[2], nell'introduzione alla guida 2008-2009 *Happy hour e notte a Milano* definisce l'happy hour come un caso emblematico, spiegando che «è un rito ormai radicato nelle abitudini dei milanesi» e raccontando come «oggi si sta trasformando in un appuntamento in grado di adattarsi alle esigenze e alle abitudini di ciascuno». Insomma, una sorta di happy hour per tutti e per tutti i gusti.

La maggior parte degli articoli che parlano dell'happy hour tende ad associarlo a un rito tipico, per certi versi quotidiano e addirittura caratteristico della metropoli meneghina. Un rito che coinvolge tutti dai giovani fino ai più anziani: ebbene sì, a Milano c'è anche l'happy hour «over 60». Al numero 21 di via San Gottardo si può trovare l'happy hour della terza età: per chi, invece di andare al lavoro, durante il giorno cura i propri nipoti. Questa volta però niente alcol né stuzzichini: bisogna stare attenti all'alimentazione! Quindi tè, cappuccino o cioccolata a 2 euro e biscotti a volontà. La formula è sempre la stessa: si paga la bevanda e al posto delle portate sui banconi ci sono biscotti di ogni genere.

C'è chi parla di fenomeno, chi di abitudine: Vinicio Valdo[3], considerato il pioniere degli happy hour milanesi, in un'in-

cerca svolta nei mesi precedenti che ha visto la città di Milano raggiungere l'ottavo posto tra le metropoli internazionali più «vive» in estate. Come criterio di posizione nella classifica è stato utilizzato l'«indice quantitativo d'immagine», che riassume la visibilità di una città sui media internazionali in base al numero di citazioni positive avvenute in uno specifico periodo. Nel caso della ricerca sono state registrate le citazioni tra il 1° maggio e il 31 luglio 2008.

[2] ACTL (Associazione per la cultura e il tempo libero) è un'associazione senza fini di lucro, in possesso del riconoscimento giuridico a carattere nazionale, costituita a Milano nel 1986, che conta circa mille soci.

[3] Vincio Valdo è il proprietario del «Roialto», uno dei locali di tendenza della «Milano da bere».

tervista del 2003, quando l'happy hour iniziava a contagiare la metropoli, affermava: «L'happy hour non esiste. È solo un modo sbagliato di chiamare l'aperitivo. L'happy hour appartiene al mondo anglosassone, non certo a noi. L'aperitivo invece appartiene a Milano, anzi è Milano». Dalle sue parole sembrava emergere una sorta di polemica nei confronti del modo in cui si è trasformato l'aperitivo a Milano, se così possiamo definirlo. Ma se l'happy hour non è né aperitivo, né cena, che cos'è? È entrambi. In effetti non è propriamente corretto chiamarlo aperitivo, ma l'happy hour esiste, eccome se c'è. Valdo inoltre affermava: «Ho mantenuto lo spirito dell'aperitivo, ma ho cambiato il sistema. Ho capito che la gente ama più perdere tempo davanti a un piatto che stuzzica l'appetito, piuttosto che tornare a casa a prepararsi da mangiare». Gli hanno dedicato anche un gruppo su Facebook, «Vinicio un genio senza lampada»: nella descrizione del gruppo viene definito «l'inventore dell'happy hour». I fan che lo sostengono hanno scritto che l'happy hour non è nato dal nulla ma lui ne è il creatore... Rimane una particolarità: non nominare il termine «happy hour» in sua presenza ma parlare sempre di aperitivo.

Negli ultimi anni, però, Milano è cambiata, così come è cambiato il modo di fare l'aperitivo rispetto a una volta. Possiamo decidere di non chiamarlo happy hour, possiamo definirlo «ora felice», ma l'aperitivo classico è rimasto solo in pochissimi locali. Nessuno è obbligato ad attingere dalle diverse portate presenti sui banconi: ma se insieme al cocktail dell'aperitivo ci si può abbuffare a volontà... perché no? Sicuramente l'happy hour ha stravolto l'aperitivo, ma ha cambiato anche le abitudini serali di molti adolescenti e giovani nel loro approccio alla cena fuori dalle mura di casa. Mangiare insieme agli amici in un locale prima significava scegliere tra pizzeria e ristorante: oggi molti giovani possono ritrovarsi più facilmente per cenare a basso costo. Il prezzo contenuto dell'happy hour può accontentare tutti: adolescenti in libera uscita, universitari, single che non hanno voglia di cucinare, coppie che si vogliono prendere una serata di relax dai fornelli. Tutti per l'happy hour e l'happy hour per tutti.

A Milano le possibilità sono davvero una diversa dall'altra, ma gli happy hour sono così diversi tra loro? Gli oltre duecento locali all'interno della stessa metropoli milanese sono come dei non-luoghi[4], dove non mettere le radici, dove non abitare ma essere solo di passaggio. Un passaggio che dura un'ora o al massimo due all'interno della giornata: i locali si trasformano molto spesso in spazi nei quali si accede prima di andare a casa o prima di uscire per la serata. All'interno dell'arcipelago della movida milanese, i locali che offrono l'happy hour sembrano essere delle vere e proprie isole nelle quali sostare: l'happy hour può cambiare forma in base al giorno della settimana ma rimane sempre un appiglio. Il venerdì e il sabato segna l'avvio della serata, negli altri giorni della settimana la chiude: si va a fare l'happy hour prima di tornare a casa, prima di rientrare nel proprio nido, forse per assaporare un po' di libertà, per non stare a cucinare, o perché in fondo «è comodo, è economico e lo fanno tutti».

Non vi è un'identità precisa di coloro che fanno l'happy hour: la maggior parte sono giovani ma vi sono anche adulti. Non c'è differenza, non c'è ruolo, non c'è gerarchia. L'happy hour non viene costruito su un target preciso in quanto un target ben definito non esiste. L'happy hour ci fa sentire tutti uguali, tutto sullo stesso piano, tutti sulla stessa barca.

Dall'happy hour si può entrare e uscire quando si vuole, senza nessun obbligo; è un po' come accendere e spegnere la televisione oppure come fare zapping. Se una cena al ristorante richiede che uno debba rimanere seduto al tavolo dall'antipasto al dolce, nell'happy hour non è così. L'importante è esserci: basta anche solo il tempo di un cocktail. Ognuno può raggiungere i suoi quindici minuti di celebrità. Si può tranquillamente arrivare dopo e andare via prima. Questa è una delle sue comodità: non si deve prenotare, si può organizzare all'ultimo, senza impegno, insomma l'happy hour è totalmente flessibile. Se un locale è troppo pieno si va in un altro.

Possono cambiare le atmosfere, le *locations*, i cibi, gli odori, i profumi, ma l'happy hour rimane tale. È uguale per tutti.

[4] Il termine «non-luogo» è un neologismo introdotto dall'etnologo e antropologo francese Marc Augé. Per non-luogo, Augé intende tutti quegli spazi che hanno la prerogativa di non essere identitari, relazionali e storici. Spazi in cui milioni di individualità si incrociano senza entrare in relazione sospinte dal desiderio frenetico di consumare o di accelerare le operazioni quotidiane.

Cambiano i locali ma la fascia di prezzo è sempre la stessa, si parte da 5 euro e non si va oltre i 10. Navigli, Porta Ticinese, Isola-Garibaldi, sono queste le zone più gettonate dove si trova la maggior parte dei locali della «Milano da bere» e in questo caso anche... da mangiare.

«Sei già dentro l'happy hour [...] vivere costa la metà [...] vivere solo la metà»: queste parole della canzone *Happy hour* del cantautore italiano Luciano Ligabue fanno riflettere su cosa significhi vivere l'happy hour, su come si possa cercare di capire il suo successo. La prima riflessione riguarda il verbo che si utilizza per indicare l'intenzione di partecipare all'happy hour: si dice «andiamo a fare l'happy hour», non si dice «andiamo a bere qualcosa» o «andiamo a cena». L'happy hour è quindi qualcosa che si fa, come andare a fare un giro su una giostra dalla quale si sale e si scende quando si vuole, senza nessun obbligo.

Ma perché «vivere solo la metà»? Non è che forse questa corsa al risparmio da una parte all'altra sta diventando una moda che non ci appartiene del tutto? Le persone si sforzano solamente di «esserci».

Forse stiamo inseguendo un fenomeno che ci fa anche molto comodo in termini di non spendersi, di non impegnarsi. L'happy hour sembra essere la de-costruzione della cena, di quel rito tanto celebrato il cui significato ancora oggi è importante. Il mangiare e il bere come momento per stare insieme: la cena come occasione per la propria famiglia di trovarsi a fine giornata in compagnia, condividendo il pane, appunto.

Matrimoni, anniversari, compleanni, successi lavorativi, nascita di figli, e anche, in qualche parte del mondo, i funerali si svolgono attorno a un pranzo o una cena, non attorno a un aperitivo. Sembrerebbe di togliere importanza all'evento, e allora è vero, l'happy hour oltre a costare la metà è un ibrido incompleto. Il fatto che piaccia proprio per la flessibilità che offre non sta a significare forse che non siamo più pronti a prenderci le nostre responsabilità in termini di tempo da dedicare a una cosa sola, sia essa gli amici, la famiglia o noi stessi?

Sedersi, alzarsi, ascoltare contemporaneamente più discorsi con la musica di sottofondo, tenere sotto controllo l'orologio per non mancare alla successiva cena o al secondo appuntamento della serata magari con altre persone: ciò, più che vivere a metà, significa vivere a quarti, a ottavi... vivere frammentati in uno spazio sociale pieno di stanze diverse, con arredamenti, luci e pareti differenti, con persone per la maggior parte sconosciute: a ogni ingresso bisogna cambiarsi i vestiti, talvolta anche la faccia, per poter entrare, giocare il proprio ruolo e alla fine uscire.

L'happy hour rende tutto un po' più facile: semplifica il modo di cenare, di discutere, di comunicare. Se all'interno della metropoli ci si perde facilmente, ci si ritrova poi a fare l'happy hour: un momento nel quale si socializza, si progetta, si mangia insieme. Un guscio nel quale chiudersi per un'ora o poco più, un guscio all'interno del quale non ci sono divisioni. Non c'è selezione all'ingresso. L'happy hour è una sorta di cena *low cost*, non c'è bisogno della carta di credito. *Low cost* ma non *slow food*, tutto è più veloce, si paga poco ma dura poco, giusto il tempo di un cocktail. Poi tutti via. L'happy hour è come le assicurazioni via Internet: rapide, veloci, economiche, *user friendly*, ma alla fine, quando hai davvero la necessità di parlare con un operatore non sei sicuro di trovarlo o non sei convinto delle sue competenze. L'happy hour rapido, veloce, economico, ma davvero così all'altezza di una cena reale, con relazioni sincere e con vero coinvolgimento?

Questo concentrato di libertà e flessibilità crea uguaglianza? A uno sguardo distratto può sembrare così, ma all'occhio attento non sfuggirà che si tratta di un gioco di specchi, di un'illusione dalla quale è difficile uscire, perché ormai i legami deboli di associazione occasionale sono più importanti dei vincoli a lungo termine, che perdono la loro potenza a causa del troppo impegno che serve per mantenerli vivi. È la logica del tutto e subito, del non prendersi impegni e vivere alla giornata... una cornice temporale ristretta limita lo sviluppo della fiducia, della lealtà e della dedizione e favorisce la forza dei legami deboli. Esito dell'analisi un po' inquietante? Meglio berci sopra!

Ma se l'happy hour può essere un'occasione in cui la cena costa la metà o anche meno della metà, perché non approfittarne? L'happy hour quindi come un rito, come un appiglio, come un programma televisivo, come un guscio, come una giostra dove tutti possono salire senza limite d'età: basta solo pagare il biglietto, o meglio... la consumazione.

3. *Happy hour e progettualità*

Dopo gli approfondimenti compiuti sull'argomento nei primi due paragrafi ora la domanda che ci poniamo (e che è stata alla base del nostro progetto) è: ci può essere un'idea di progettualità all'interno dell'happy hour? Questo tema è legato soprattutto agli aperitivi organizzati con i colleghi di lavoro oppure dalle aziende all'interno dei quali si possono ricreare dei momenti in cui avere proposte, spunti, suggerimenti circa il lavoro e quindi organizzare e progettare nuove idee, ma non solo, la progettualità può essere vista come un modo per organizzarsi la settimana che inizia, per conoscere nuove persone e mantenere i contatti con le stesse, per formare, quindi, anche dei rapporti con gli altri.

Probabilmente si può ipotizzare che i partecipanti a queste occasioni conviviali non si sentano sotto pressione e siano maggiormente in grado di dare il loro parere e di avviare discussioni più libere e serene.

A questo proposito abbiamo deciso di partecipare a un aperitivo di avvocati in un locale di Milano, il «Caffè della moda» in via Fogazzaro; non è un posto tipico per il cosiddetto happy hour giovanile della sera. È frequentato, infatti, soprattutto durante il giorno e molti avvocati si ritrovano nella pausa pranzo anche perché il tribunale è a dieci minuti a piedi e sono presenti nella zona anche diversi studi legali. A differenza dei locali rumorosi e affollati, vi si può parlare tranquillamente perché la musica è soffusa. Ad esempio, di tutt'altro genere è «La Hora Feliz» in via San Vito dove il venerdì si può aspettare fuori anche 15-20 minuti prima di avere un tavolo libero e all'interno la gente è stipata. Qui l'aperitivo dura fino alle 22.00 ed è uno dei pochi locali di Milano che lo posticipa sino a quest'ora.

Il ritrovo al «Caffè della moda» era stato fissato alle 18.15 e il tutto è iniziato alle 18.30-18.45. Come ci aspettavamo, la discussione iniziale ha riguardato il lavoro, le domande principali che Giovanni ha posto agli avvocati sono trascritte qui di seguito.

D: Iniziamo a farvi qualche domanda, va bene? Fate abitualmente l'happy hour e quando lo fate avete una motivazione particolare?

R1: L'amicizia è la prima motivazione: poi, essendo colleghi, ci si racconta le esperienze lavorative e siccome lavoriamo in ambiti diversi ci diamo qualche consiglio... però l'amicizia è il motore di questi incontri, l'amicizia è fondamentale!

D: *Ma voi vi conoscete tutti qui?*

R1: No, no, no, no... Alcuni si conoscono, alcuni no, diciamo che io e Paolo [*colleghi dello stesso studio*] siamo i collanti e gli altri si conoscono di vista... per l'occasione abbiamo riunito un po' di gruppi di amici, gli altri arriveranno dopo.

D: *Ma vi trovate abitualmente per ricreare questo gruppo? Ad esempio, una volta al mese o quando capita?*

R2: Quando capita... però generalmente il venerdì alle 18.30 noi quattro ci troviamo per l'aperitivo, per fare due chiacchiere, spesso parliamo del sabato sera...

D: *Ah... il venerdì organizzate il sabato sera allora?*

R2: Sì sì, noi quattro che ci vediamo stabilmente sì, programmiamo il sabato sera... il venerdi sì, passiamo un'oretta assieme, parliamo di lavoro, ma poi il sabato andiamo dove fanno altri happy hour oppure una cena, una pizzeria... le motivazioni sono legate all'amicizia. Poco importa se siamo in pizzeria o in un bar trendy o normale. Lo scopo è trovarsi e passare il tempo... la differenza tra l'happy hour dei giovanissimi e quello dei meno giovani come noi? Ci sono motivazioni diverse... non è tanto un discorso di spesa perché ci sono anche posti in *franchising* dove possono mangiare bene a poco prezzo la sera, l'happy hour però è più facile e più comodo. Cioè «quando esci il venerdì? Alle 18? Ok, alle 18.30 ci vediamo, facciamo due chiacchiere e beviamo un aperitivo...», e poi ti parte il tempo così, ma non ci sono motivazioni particolari... è pur vero che con 5, 6, 7 euro risolvi il problema della cena, per uno giovane... le nostre motivazioni sono diverse...

D: *L'happy hour è molto in voga. Milano è «la città degli happy hour». Chi lo fa? Per quali motivazioni?*

R1: Per quanto riguarda me, io credo che l'happy hour soddisfi alcune esigenze: l'esigenza di cibo fast, perché i ritmi sono rapidi e si può pensare che in un momento di difficoltà si possa fare socialità mangiando senza spendere cifre esagerate e forse soprattutto chi è giovane vive non di cibo ma di relazione e risponde a questa esigenza... che ne dici Paolo? Per me è sia per giovani che per meno giovani, cioè l'idea di potersi trovare in un ambito poco impegnativo, non c'è obbligo di prenotare, si può organizzare all'ultimo momento o poche ore prima, questo aiuta parecchio l'happy hour a essere preferito rispetto ad altre forme tipo cena o teatro... la facilità dell'incontro, ecco.

D: Tra l'happy hour e la cena che differenze ci sono? Quando l'happy hour sostituisce la cena?
R1: L'happy hour può raccogliere persone che non si conoscono mentre la cena raccoglie necessariamente persone che si conoscono perché crea intimità maggiore, si sta seduti, non ci si alza ogni dieci minuti per prendere gli stuzzichini, i rapporti secondo me a cena attorno al tavolo rotondo sono più solidi, più profondi... questo tipo di aperitivo risponde a una cultura fast, di una Milano dinamica: uno che vuole stabilire un contatto, lasciare un biglietto da visita... organizza una cena dove si è costretti a essere più intimi, nell'happy hour uno può arrivare, stare dieci minuti, e andare. Cioè «io arrivo alle 19.30, siete ancora lì?». Mentre per la cena si crea un gruppo, difficilmente si può fare una cena con estranei.

D: In altre regioni, anche qui al Nord, non esiste l'happy hour nemmeno adesso.
R1: Non solo, se tu prendi un aperitivo fuori Milano non ti portano neanche gli stuzzichini, quindi il concetto di aperitivo-cena, quest'ibrido, queste due realtà che si confondono secondo me è tipico di Milano. Fuori Milano ti prendi, che so, il bianchino e te lo devi sorbire a stomaco vuoto, al massimo due patatine, ma questa realtà del piattino con il banchetto del cibo è tipica, io giro, ma non l'ho trovata da nessuna parte...

D: A Roma l'aperitivo è diverso...
R1: A Roma la cena è la cena e l'aperitivo è l'aperitivo, a Milano no, forse perché a Milano c'è un'esigenza di una realtà frenetica per cui anche cenare a volte vuol dire sottrarre

tempo ad altre cose, alla vita familiare, alla vita lavorativa... soprattutto i professionisti finiscono tardi e quindi nasce questa esigenza di cenare in fretta stando assieme. Ma io rispetto a loro sono molto critico e mi chiedo: è stare assieme? Per me è il modo per sposare delle esigenze, i ritmi di ognuno, ci sono venti persone con tempi diversi e ciascuno si può aggiungere per un quarto d'ora e dire sono venuto, io c'ero. Quelle due parole le ho dette, quel dubbio l'ho chiarito, il biglietto l'ho consegnato ecco...
C'ero! Ecco, poi va a casa anche contento perché apre il portafoglio e non ha speso molto. Ma non è roba per me. Io amo un altro tipo di... Io amo la cena come l'ho imparata negli anni Ottanta, cercando la cucina giusta, magari quella etnica.

D: *Tu sei nato quando l'aperitivo era ben staccato dalla cena, mentre oggi si nasce già con l'happy hour, bisogna vedere allora che valore si dà alla cena, ad esempio prima si usciva a cena per festeggiare qualcosa, un anniversario... oggi anche per festeggiare si organizza un happy hour.*
R1: Secondo me tra i venti e i trent'anni si fa.
Dal punto di vista sociologico è l'incontro che vale, cioè vedere gente alla fine della settimana lavorativa e il fatto, per le donne, di non dover cucinare la sera, questo è fondamentale perché il fatto di non doversi mettere ai fornelli il venerdì sera... comunque anche per le ragazze single è un modo per conoscere gente, meglio che il dopo cena, perché vuoi per l'organizzazione, vuoi per l'orario, è più difficile uscire dopo cena, cioè escono di più i ragazzini dopo cena, se voi provate ad andare sui Navigli all'ora dell'happy hour c'è gente di tutte le età, all'ora del dopo cena, cioè dopo le ventitré, c'è in giro gente di vent'anni. A una certa età alle undici di sera uno vuole stare a casa tranquillo...

D: *Che differenza c'è tra l'happy hour che organizzate il venerdì sera e quello che invece fate il sabato sera?*
R1: Durante la settimana ci organizziamo per l'aperitivo del sabato sera oppure per uscire a cena. È molto difficile che si organizzi qualcosa dopo l'aperitivo o la cena... l'aperitivo è visto più come un punto di arrivo e non un punto di partenza

per la serata... forse vent'anni fa sarebbe stato diverso... non c'è la discoteca dopo ma tutt'al più si fanno quattro passi a piedi per tornare a casa.
In questi mesi capita di iniziare a progettare qualcosa per le vacanze di Natale ma resta tutto molto sul vago...

D: *L'happy hour viene organizzato più durante la settimana lavorativa o nel week-end?*
R2: No, di solito lo faccio il sabato sera con mia moglie o con gli amici... è quasi un'abitudine, mentre durante la settimana è più occasionale... il sabato si riesce a rimanere più ore nello stesso locale, magari due o tre ore... non so, dalle otto [20.00] alle dieci [22.00] o anche fino alle undici [23.00]... mentre in settimana magari si sta dalle sei [18.00] alle sette [19.00] o dalle sette [19.00] alle otto [20.00].

D: *Milano è, secondo te, una città che offre molto sul tema dell'alimentazione?*
R1: Tutto... l'offerta di sushi è molto alta... in corso di Porta Romana ci sono due giapponesi!

D: *Secondo te qual è la differenza tra l'happy hour di Milano e quello della tua città [Roma]?*
R3: A Roma hanno iniziato adesso a copiare Milano con l'aperitivo... a Roma lo stacco tra pranzo e cena è molto breve perché si pranza verso le quattro e poi ti viene fame tardi... a Roma, molto più che a Milano, c'è l'abitudine di prendere il cornetto o la brioche di mezzanotte...
È come l'aperitivo... quattro o cinque anni fa non c'era da mangiare durante l'aperitivo, forse solo le patatine... a Roma si esce dopo cena... i tempi sono più lunghi, si è più tranquilli... quando si stacca dal lavoro la giornata lavorativa finisce, qui a Milano invece sembra che non si finisca mai di lavorare! I locali a Roma stanno aperti fino a tardi perché per muoverti devi attraversare tutta la città, devi andare da una parte all'altra... è un viaggio... non è come spostarsi a Milano dove alle due è tutto chiuso, trovi aperti solo i night e qualche bordello... anche se sono ritornato a Roma da poco e anche lì adesso si vedono i ragazzi uscire alle sette per l'aperitivo.

In generale possiamo dire che all'interno dell'happy hour è presente una componente di progettualità: a volte maggiormente legata agli aspetti lavorativi, altre volte vista solo come momento per organizzarsi le ferie, la settimana che sta per arrivare o semplicemente per stabilire quando incontrarsi per il prossimo aperitivo. Grazie all'intervista abbiamo ricavato molti spunti di riflessione, che sono stati ripresi anche nei primi due paragrafi. Abbiamo apprezzato in particolare gli interventi che miravano a far risaltare le differenze tra aperitivi dei giovani e degli adulti, aperitivi dei tempi passati e quelli odierni e quelli organizzati in città italiane diverse. Ciò ricalca pienamente quello che abbiamo spiegato precedentemente: in primo luogo, il fatto che l'happy hour è un fenomeno trasversale, che coinvolge tutti, nonostante emergano però delle differenze nell'approccio all'«ora felice» da parte dei giovani rispetto alle generazioni più adulte. In secondo luogo è stato dimostrato come l'happy hour sia un fenomeno tipicamente milanese, incarnato nella metropoli meneghina, che però, a quanto pare, sta iniziando lentamente a svilupparsi in altre parti d'Italia.

Bibliografia di riferimento

AA.VV., *Happy hour e notte a Milano. Guida ai locali di tendenza*, ACTL, Milano 2008.
Augè M., *Nonluoghi: introduzione a una antropologia della surmodernità*, Elèuthera, Milano 1999.
Bianchi E., *Il pane di ieri*, Einaudi, Torino 2008.
Bichi R., *La conduzione delle interviste nella ricerca sociale*, Carocci, Roma 2007.
Schillaci O., Peduzzi P., «Vinicio Valdo, l'uomo che inventò l'happy hour», in www.magcity.it, 29 maggio 2003.
Sennett R., *L'uomo flessibile. Le conseguenze del nuovo capitalismo sulla vita personale*, Feltrinelli, Milano 2002.
Tesorio G., «Due euro per una buona tazza di tè e biscotti a volontà. Nasce l'happy hour degli over sessanta», in *Corriere della Sera*, 6 novembre 2008.

Siti Internet consultati

http://it.wikipedia.org
http://milano.corriere.it
http://www.buttalapasta.it
http://www.facebook.com

I LOVE SHOPPING ... CON KEBAB

di Sabrina Zanconi

I.

«Ho una fame...!»
«A chi lo dici! Ma lo sai che fare shopping è faticoso? Non ci avevo mai pensato.»
«Ma va'...»
«Sul serio. Si bruciano un sacco di calorie!»
«Allora che si fa? Che ne dici del classico?»
«Classico?»
«Il Mac, no? Il buon vecchio caro Mac.»
«Ma senti questa. E hai ancora il coraggio di chiedermelo? È la quarta volta in due giorni. Io non-lo-sop-por-to...»
«La nobildonna. Ma io lì mi sento come a casa. Come fai a non...»
«Perché tu a casa mangi il Big Mac, i Chicken McNuggets, i Cheeseburger e l'Happy Meal e tua mamma ti porge il piatto con un sorriso a trentadue denti?!?»

La mia amica Lucia odia McDonald, soprattutto dopo averci lavorato per qualche anno come «crew»: farciva i panini, friggeva le patatine e prendeva le ordinazioni alla cassa, sempre col sorriso sulle labbra, sempre veloce ed efficiente come in una catena di montaggio alla Charlie Chaplin in *Tempi moderni*.

Per questo motivo, ogni volta che andiamo a fare shopping a Milano si ripete sempre la stessa scena: io che provo a proporre il Mac, lei che si arrabbia, alla fine io cedo e si va da Spizzico o in qualche bar, giusto per non rubare troppo tempo e troppi soldi alla nostra giornata di compere folli.

Ma oggi non ho proprio voglia di Spizzico, l'ultima volta che siamo andate abbiamo fatto mezz'ora di fila, senza considerare il tempo perso per trovare posto (e intanto la pizza si raffreddava)! Mica come al Mac, dove ci vogliono dieci minuti al massimo prima che arrivi il tuo turno, due minuti per trovare posto e un quarto d'ora per mangiare. Un giorno o l'altro riuscirò a persuaderla che McDonald non è più la fabbrica di obesi di un tempo, adesso è cambiato, è il paladino dei valori nutrizionali corretti, della lotta ai grassi saturi: pensa te che fa anche le insalate dietetiche e vende la Coca-Cola Zero Zuccheri!
Gioco d'anticipo:
«Senti, non vorrai portarmi ancora da Spizzico, sai che pizza la pizza! Ma lo sai che il bassista dei cosi, come si chiamano, è finito in ospedale per troppa pizza al trancio? Piuttosto, guarda: mi ingolfo di caldarroste...».
Lei guarda in alto sovrappensiero.
«Ohi, Cia. Tutto bene?»
«Senti qua. Mi è venuta un'idea. Andiamo a mangiare il kebab!»
«Il kebab??? Ma sei pazza? Io quella roba non voglio nemmeno assaggiarla, chissà che schifo ci mettono dentro!»
«Sempre meglio dei panini di McDonald...»
Non ho mai provato un kebab in vita mia, né mi interessa farlo. Conosco vagamente di cosa si tratta, so che è della carne avvolta intorno a uno spiedo gigante, ma lì finisce la mia curiosità, nessuno me l'ha mai presentato e io non ho nessuna voglia di approfondire la conoscenza. Posso solo immaginare quanto quel cibo sia piccante e intriso di sapori forti, senza considerare che la carne non mi attrae particolarmente, figuriamoci a vederla sfrigolare in tutto quel grasso. Baaa, mi vengono i brividi.
E mentre io mi perdo in questi pensieri, senza rendermene conto Lucia mi guida in via Vitruvio, che negli ultimi anni ha visto sbocciare tantissimi kebabbari, tanto che ormai c'è solo l'imbarazzo della scelta. Questa via collega la Stazione Centrale a piazza Lima e incrocia corso Buenos Aires, uno dei luoghi migliori per lo shopping a Milano, soprattutto ora, nella splendida atmosfera natalizia. Eppure oggi sono quasi pentita di essere qui: sicuramente se fossimo state in centro non avremmo trovato un kebab così facilmente.

«No, aspetta!» faccio. «Scherzavi vero? Davvero Cia», io la chiamo così, «io non so nemmeno di cosa sia fatto un kebab, magari sono allergica a qualcosa, non so, la cipolla cruda...»
«Se mai provi, mai saprai! Posso anche elencarti gli ingredienti, ma il gusto, il sapore, gli odori... è come descriverti un quadro senza che tu l'abbia mai visto! Un po' di esperienza diretta non ti farà male, vedrai che sarà divertente, oltre che istruttivo. Lo sai che il cibo è uno dei mezzi più importanti attraverso cui conoscere una cultura? E forse dice più cose di un libro, oltre a coinvolgere tutti i sensi: la vista, l'olfatto, il gusto, il tatto...»
«E l'udito?» la interrompo come una bambina piccola che trova un punto debole nella ramanzina subita.
«C'è anche quello! Non credere che il rumore di sottofondo sia uguale dappertutto: c'è chi mangia in silenzio, chi preferisce il brusio, chi ascolta la musica, chi la televisione... Insomma: vogliamo entrare in un kebab per provare tutte queste cose?»
«'Spetta Cia, 'spetta un momento... Ancora una domanda...»
Lucia guarda in alto e, fingendosi spazientita, mi blocca: «Tu fai troppe domande! E a pensare troppo si rischia di rimanere intrappolati negli ingranaggi della propria testa, come Charlot. Ti ricordi l'esame di Cinema, *Tempi moderni*?».
«Altroché.»
«Lasciati andare e prova, anche se non ti piace. Solo così potrai capire e conoscere. Me lo diceva mia nonna: mangiare è un modo di conoscere, da come mangiano capisci meglio chi sono e come sono fatti.»
La mia amica è sibillina, ogni tanto mi sembra di avere Virgilio davanti a me, e le parole che usa Dante per descriverlo le calzano a pennello: «Facesti come quei che va di notte / che porta il lume dietro e sé non giova / ma dopo sé fa le persone dotte», perché a volte non capisco bene quello che dice ma sento che devo fidarmi, perché lei sa.
Rincuorata da questa sua saggezza, che spunta fuori sempre quando non vorrei, o forse semplicemente persuasa dalle sue capacità oratorie, seguo Lucia, che conosce bene la zona e sceglie un negozio di kebab abbastanza grande, con i tavolini sia all'interno che all'esterno del locale. Ed ecco che impa-

ro già una cosa: non sapevo che ci si potesse sedere, ero convinta che il kebab fosse solo da asporto. Congelate dal freddo scegliamo di sederci all'interno, lo spazio non è tanto, ma sufficiente per ospitare una ventina di persone su quattro o cinque tavoli coperti da tovaglie plastificate a fiori. Le prime sensazioni risvegliano la sospettosa diffidente che riposa in me: le pareti sono piastrellate di azzurro e bianco, non perfettamente pulite, e un grande specchio sul fondo del locale vorrebbe rendere il negozio più ampio, trucco spesso utilizzato nei bar e nelle pizzerie di piccole dimensioni. Ma c'è di più. Una musica araba, non tanto piacevole alle mie orecchie, si diffonde nel locale a un volume un po' più alto del dovuto.
Per fortuna veniamo accolte con un «ciao amica come stai?» del ragazzo che prepara il kebab, e io rispondo d'istinto, con altrettanta cortesia: «Ciao! Bene grazie!».
Dopo aver scelto il tavolo in cui sederci comincio a osservare l'ambiente in modo più scrupoloso, lasciando da parte i sospetti (che il sorriso del ragazzo ha già in parte dissipato), e noto con piacere che questo luogo parla da sé, quasi che avesse la necessità di raccontarsi, di palesare le sue origini per non dimenticarle. Il mio sguardo si posa prima dietro al bancone, dove è appesa la bandiera rossa con stella e mezzaluna al centro... uhm, vediamo un po'... Turchia? Poi, avvolta tra due coppe, noto immediatamente la sciarpa rossa e gialla del Galatasaray, famosa squadra di calcio. Nessun dubbio: Turchia!

II.

Senza aspettare neanche un minuto, un ragazzo dai marcati lineamenti arabi, dalle maniere un po' schive e con atteggiamento impassibile ci chiede cosa vogliamo ordinare, ma la domanda mi sembra così assurda che sorrido gentilmente e chiedo cosa cucinino, oltre al kebab. Senza dire una parola, allunga una mano sul bancone principale e ci porge un depliant colorato, dove sono elencate le pietanze e i prezzi.
Perbacco, anche un menù. Pensavo che vendessero solo kebab, invece mi ritrovo con l'imbarazzo della scelta. E alla fine della lista, tra tanti nomi esotici che mi ricordano la storia

di Aladino, ne trovo uno che all'inizio mi sembra il più strano di tutti.
«No, scusa, Cia, ma qui vendono anche la pizza? Quasi quasi mi è tornata la voglia di una bella capricciosa...»
«Sabri, non fare la paesanotta: lasciati cullare dalle atmosfere mediorientali!»
«Adesso mi sfotti anche... Atmosfere mediorientali... Be', la pizza non ha proprio niente di mediorientale...!»
«Ma certo, lo sai come si chiama il pane azimo degli arabi, quello piatto piatto?»
«Come si chiama?»
«*Pita*, cioè pizza. Ed è comunque un messaggio, come dire *be' ragazzi, noi abbiamo imparato a cucinare la vostra pizza, ma se venite qui e magari assaggiate il kebab siamo anche più contenti, che ne dite?*»
«E questo te l'avrebbe detto qualche islamico?»
«No, è farina del mio sacco, perché tantissimi arabi sanno fare pizze, non so se ti sei mai guardata in giro, ma i pizzaroli sono quasi tutti egiziani. E il binomio pizza-kebab è sempre più diffuso, non ti sei mai chiesta perché?»

Effettivamente no, non me lo sono mai chiesta, ma forse perché non mi è mai veramente interessato, lo consideravo un dato di fatto, come dice la Cia: ci sono più egiziani che italiani a fare le pizze, punto e stop, come è vero che le riparazioni di sartoria ormai le fanno solo i cinesi. Forse è a causa dell'immigrazione e inevitabilmente alcuni lavori sono stati classificati per etnia: dalla badante al muratore, dal mungitore alla cucitrice di orli, dalla colf al pizzaiolo-kebabbaro.

Cerco di trovare una giustificazione alla mia ignoranza, ma ancora una volta ho paura di fare la figura della milanese che pensa di aver girato il mondo, mentre in realtà non ha girato un bel niente, ha visto solo lo strato superficiale dei paesi visitati, limitandosi giusto ai giri turistici proposti dalle compagnie di viaggio... No Alpitour? Ahiahiahiahiahi!

«Prova a ragionare. Un immigrato dai paesi arabi che ha la possibilità di aprire un'attività commerciale non partirà certo da un negozio che propone solo piatti arabi, almeno non in questo periodo! C'è un doloroso gap che divide Occidente e Medioriente, un buco nero che si è sviluppato dopo l'11 settembre e sembra aver cancellato tutta la storia che c'era prima di quella data, una storia che ci accomuna agli arabi più di quanto tu possa credere. Pensa a quante cose arabe fanno parte della nostra vita, dalla numerazione all'architettura di molti paesi del Sud Italia, fino a raggiungere la filosofia; ti cito solo Averroè, grazie al quale abbiamo recuperato le opere di Aristotele, da lui tradotte e commentate, senza parlare dei suoi studi di medicina! Purtroppo, però, anche l'11 settembre è storia e non può essere cancellato. Poi sono arrivati l'11 marzo e il 7 luglio, altre due date dolorose per l'Europa, e la gente ha smesso di comunicare con questa cultura, bloccata nella paura che il mondo islamico sia una minaccia costante. La pizza è il minimo che possano fare per non rimanere come murati nella loro comunità, ti pare?»

Il suo ragionamento non fa una grinza, ogni volta che parla la mia amica Lucia è illuminante.

«Perciò la cultura islamica è stata contaminata dalla pizza... e forse anche la pizza è stata contaminata dalla cultura islamica, perché qui c'è la 'pizza kebab', il massimo dell'ibridismo.»

Prendo in mano il dépliant e comincio a leggerlo con maggiore attenzione, per trovare qualcosa che mi stuzzichi più di un kebab.

«Sì, ormai la pizza è conosciutissima e apprezzata anche nei paesi arabi, ma questo tipo di contaminazione non è piaciuto granché al leader iraniano, tanto che un paio di anni fa ha imposto di cambiare il termine 'pizza', praticamente internazionale, con quello di 'pane elastico'. Un po' come quando Mussolini decise di evitare termini stranieri e i cocktail dovevano chiamarsi 'coda di gallo'...»

«Coda di gallo?! Ahahah, assurdo! Ecco, siamo circondati da migliaia di forzature inutili, che non fanno altro che allontanare i popoli (e oltretutto non servono nemmeno a conservare una lingua, perché *coda di gallo* e altre idiozie simili non conservano niente), quando invece, in un'epoca di continua contaminazione come quella che stiamo vivendo, è bene essere più aperti che mai; la cultura fa in fretta a estendersi a macchia d'olio, ma la politica no, quella rallenta tutte le cose e gli interessi in gioco valgono più di qualsiasi ricchezza culturale.»

«...Ed è per questo che adesso mangerai... un bel kebab!»

Ecco. Mi sono fatta prendere dal discorso e mi sono incartata da sola.

Sono comunque ancora interessata al menù, non tanto per la pizza, quanto per le altre pietanze che propone e che questa volta aprono davvero le porte della fantasia alle avventure de *Le mille e una notte*: Falafel, succo di guava, Ayran, Baklava, Kadayif, Revani... sono tutti nomi molto musicali, che richiamano alla mia mente la morbidezza delle dune sahariane, con le loro forme sinuose ed eleganti.

Il ragazzo schivo e distaccato è tornato per prendere l'ordinazione, così decido di studiarmi il menù in un secondo momento, ormai rassegnata, più che pronta, ad assaggiare questo famoso kebab (parola di per sé per nulla evocativa forse perché già troppo conosciuta, almeno nei miei stereotipi). Tuttavia, contro ogni mia aspettativa, non trovo l'unica cosa che ero convinta di poter bere solo qui, cioè la famosa Mecca Cola. Ne avevo sentito parlare da un mio amico, di quelli che odiano tutto ciò che ricordi vagamente il capitalismo americano, e che compra questa bibita nelle feste di Rifondazione, dove cucinano anche il kebab più per protesta contro le politiche occidentali che per una vera simpatia nei confronti della cultura islamica.

Chiediamo al cameriere come mai non vendano questo tipo di bibita, ma lui sembra non capirci, o forse fa solo finta, quindi ci mostra una lattina di Coca-Cola, c'è quella se vogliamo, o addirittura ci sono la Coca-Cola Light, la Fanta, la Sprite e cinque differenti marche di birra. Non troviamo risposta a questo dubbio.

«Come lo volete il kebab?» ci domanda il ragazzo.

«Come...?» rispondo spaesata.

«Con tutti gli ingredienti, farcito con un po' di tutto» incalza Lucia, sorridendomi in modo per nulla confortante.

Prendiamo una Coca-Cola normale e ordiniamo anche le patatine fritte, praticamente si tratta del pacchetto «Kebab menù»: panino kebab, patatine fritte, bibita in lattina, totale 5 euro e 50 centesimi, meno di un MacMenu medio.

Nel frattempo entrano nel locale un po' di clienti, alcuni dai tratti arabi, altri sembrano italiani, ma alla fine si rivelano stranieri. È difficile distinguere le diverse etnie, perché, ad esempio, i popoli provenienti dalla regione caucasica, nostri fratelli di razza, hanno carnagione chiara, così come alcuni algerini e diversi siriani, che magari poi si scopre essere nati

in Italia e non aver mai vissuto nella terra d'origine. C'è una varietà di popolazioni che facciamo in fretta a catalogare sotto l'etichetta «arabi», senza sapere bene dove, chi o cosa. Un po' come loro ci considerano semplicemente «occidentali».
Ci accorgiamo di essere le uniche due ragazze nel locale e la cosa mi inquieta un po', forse a causa delle vaghe conoscenze che ho riguardo alla loro cultura e al modo di trattare le donne.
«Non ti dà fastidio che ci siano solo uomini qui dentro?» chiedo a Lucia, fiduciosa in qualche sua rassicurazione.
«Credo che dia più fastidio a loro la nostra presenza. Nella loro cultura le donne non vanno al ristorante da sole, né tantomeno si vestono come noi due. Però è lo stesso discorso che ti facevo prima, si scende a compromessi. Per questo secondo me il cameriere è così schivo e introverso, probabilmente fatica ad accettare il fatto che siamo qui da sole.»
«Ma noi paghiamo, mica le rubiamo le cose.»
«Le differenze culturali non si comprano, sebbene a volte si paghino in termini di vite umane. Per questo è un bene che in questi anni siano fioriti così tanti negozi di kebab, qui intorno. È come se avessero voluto riaprire un ponte tra due culture, ma la gente ancora non è consapevole di questa cosa. Spesso si guarda con disprezzo il fatto che ci siano così tanti kebabbari e non ci si accorge che i McDonald sono almeno il doppio e quattro volte più grandi. C'è una diffidenza estrema nei confronti degli arabi, si pensa sempre che siano tutti criminali e terroristi.»
Nel dire queste parole, Lucia abbassa la voce, non capisco se per paura di offendere qualcuno o piuttosto per timore di trovare chi sia davvero un delinquente.
«E tu ti fidi così tanto?» la interrompo accorgendomi del cambiamento di tono nelle sue parole, che proseguo a mantenere basso nella mia voce. «Non credi che sia breve il passo dalla mancata integrazione alla via della criminalità? Non trovano lavoro, uno dei mezzi che più accelera l'inserimento sociale, e cercano il guadagno facile.»
«Questo lo fanno anche tanti italiani, solo che è più semplice dare la colpa agli stranieri, soprattutto ai musulmani, che dopo l'11 settembre sono diventati per magia dei jihadisti, tutti sostenitori di bin Laden e contrari ai costumi occi-

dentali. Forse non sai che esistono delle comunità islamiche in Italia che hanno giurato fedeltà alla Costituzione italiana e vogliono aiutare i servizi segreti e la polizia nella lotta contro il terrorismo di al-Qaeda. Se noi siamo continuamente diffidenti nei loro confronti, anche loro lo saranno nei nostri e tutto ciò non fa altro che aumentare le distanze tra le due culture.»

«Ma mi spieghi come ci si può fidare, con tutto quello che si sente al telegiornale?!»

«La fiducia non si basa su un contratto scritto, la fiducia è il rischio che sei disposto a correre nell'essere tradito quando interagisci con un'altra persona. Se una persona ha continuamente paura di essere tradita, è ovvio che non si aprirà mai alla ricchezza di un rapporto con l'altro, ancor più quando questo 'altro' appartiene a una cultura diversa dalla nostra! Se ti fidi conosci di più.»

III.

Finalmente arriva il cameriere con il kebab, un panino arabo tagliato in due metà, talmente farcito da non riuscire nemmeno a chiudersi, e già mi chiedo come farò a mangiarlo. Devo però ammettere che l'aspetto è invitante.

Per prima cosa, però, esamino il contenuto, accompagnata dalla disapprovazione di Lucia, che mi accusa di essere «troppo razionale e poco istintiva», perché non mi lascio guidare dalle sensazioni. Bado poco alle sue lamentele e procedo con l'analisi: cipolla rossa cruda ovunque, pezzettini di carne ben cotta tagliata sottile, forse si tratta di tacchino o di pollo, pomodori, insalata e salse a volontà per tenere insieme il tutto. Per fortuna non vedo cetrioli, quelli non li sopporto nemmeno nel MacChicken!

L'odore sembra buono, non resta che assaggiarlo e lo faccio a occhi chiusi, come una bambina che deve bere una medicina dal sapore disgustoso.

Devo ammettere che il primo morso va oltre le mie aspettative, il sapore è molto buono e non è nemmeno così nuovo al mio palato, mi ricorda i profumi mediterranei. Certo, non suscita in me tutte le emozioni della famosa *madeleine* di

Proust, non mi sento né più felice, né più leggera, ma sicuramente delizia il mio palato.
Non pensavo che fosse così saporito e un po' mi vergogno per non averlo mai provato prima. Tuttavia, si tratta appena del primo morso! Uno è insufficiente, si sa.
Nel frattempo Lucia mi scruta, studia le mie espressioni, ma non fa domande, lasciandomi il tempo di provare questa nuova esperienza sensoriale.
Il secondo morso è già diverso, sarà colpa dell'enorme quantità di cipolle che ho addentato, ma il sapore della carne rimane comunque ottimo.
Faccio io il primo passo, rispondendo agli sguardi interrogativi della mia amica con un timido «Mmm, non c'è male», ma non vado oltre, sempre sospettosa di poter incontrare nuovi mix di ingredienti che si potrebbero rivelare pericolosi al mio palato.
Mentre mangio mi rendo conto che i sapori che incontro si mischiano con le sensazioni che provo nel trovarmi in questo luogo, quasi che il gusto del kebab non fosse semplicemente dato da una somma dei suoi ingredienti, ma si trattasse di qualcosa di più. È un'emozione che non ho mai provato mangiando un Cheeseburger da McDonald, contesto di per sé arido, incapace di comunicare una tradizione o una cultura.
In effetti, mentre mangio mi rendo conto che il gusto del panino si incastra perfettamente con l'ambiente che mi circonda, con l'odore di spezie, di aglio e cipolla, con il parlottare arabo e con la musica che, inizialmente fastidiosa, comincia a cullarmi dolcemente nell'atmosfera mediorientale.
Non c'è dubbio sul fatto che il cibo sia uno dei modi migliori per avvicinarsi a culture differenti e io comincio a scoprirlo solo adesso.

IV.

Mentre mangiamo il locale si riempie, tanto che a un certo punto una coppia di giovani ci chiede di potersi sedere vicino a noi, dal momento che non vi sono più tavoli liberi. Niente nei loro tratti ci fa pensare che siano stranieri, ma sicuramente la ragazza è di religione islamica, dal momento che indossa il velo. La cosa ci incuriosisce molto e sia Lucia che io vorremmo far loro un po' di domande, ma rimaniamo bloccate di fronte ai nostri piatti. Siamo così interessate a voler approfondire la conoscenza di questa cultura che non riusciamo nemmeno a parlare del nostro shopping, dei negozi già visitati e di quelli che ci aspettano.

Dopo qualche istante ci rendiamo entrambe conto che i due ragazzi non sono nuovi dell'ambiente, poiché salutano calorosamente l'uomo dietro al bancone e il cameriere, quest'ultimo divenuto tutto a un tratto affabile e simpatico. Naturalmente non capiamo cosa dicono, perché parlano arabo, almeno credo.

Dobbiamo rompere il ghiaccio, è un'occasione imperdibile.

Lucia incomincia con l'approccio più semplice, eppure non così tanto scontato:
«Piacere, Lucia. Voi come vi chiamate?».
«Io sono Malik e lei è Randa» risponde il ragazzo porgendo la mano prima a Lucia e poi a me e lo stesso fa l'amica.
«Siete italiani?» prosegue Lucia, ovviamente incuriosita dai nomi.
«Sì e no» risponde il ragazzo sorridendo, dopo aver cercato lo sguardo della sua amica per decidere come ribattere, poi continua: «Se ti riferisci alla cittadinanza, no. Se ti riferisci al territorio di nascita sì. Se ti riferisci alla cultura ni».

Rimaniamo zitte, in attesa di ulteriori spiegazioni, ma lui tace e a quel punto interviene la ragazza: «Siamo di cittadinanza tedesca, nati in Italia, nonni turchi, educazione alla maniera islamica, ma completamente immersi nella cultura italiana e occidentale più in generale».

Un tipico caso di multietnicità riunita in un solo individuo.
«Quindi siete immigrati di seconda generazione?» proseguo io, per chiarirmi un po' le idee.
«Sì, ma il fatto di essere cittadini tedeschi e quindi inseriti nella comunità europea ci permette di essere più liberi dalla burocrazia rispetto a quello che succede per tutti gli altri figli di immigrati extracomunitari.»

Mentre stiamo parlando, il cameriere arriva al tavolo con due piatti colmi di insalata, pomodori, cipolle rosse, con polpette al centro e alcune salse all'estremità del piatto. Facendo finta di sfogliare il menù con noncuranza, controllo di che cosa si tratti, aiutandomi con le foto delle diverse pietanze: sono falafel, polpette di fave e verdure; l'aspetto è molto invitante e quasi mi pento di aver preso il kebab.

Il ragazzo forse si accorge che sto confrontando il contenuto dei nostri due piatti e mi spiega, quasi a giustificarsi: «Noi non prendiamo mai il kebab, perché non è quello originale che si cucina nei paesi arabi; questo è döner kebab, letteralmente 'kebab che gira', dato che viene cotto su quell'enorme spiedo», e ci indica il girarrosto dietro al bancone. «Nel mondo arabo il kebab è solo carne speziata, si chiama shawarma, non è un sandwich e non è mischiato a tutte queste salse e verdure. Questo invece è una pura contaminazione con i fastfood alla McDonald, un panino veloce da mangiare anche mentre si cammina, giusto per non perdere troppo tempo. E non è cultura araba, che invece esige di sedersi al banchetto e condividere il piacere del cibo».

In effetti, in Occidente si è perso questo profondo significato del cibo, si mangiano prodotti già pronti, più per dovere biologico che per piacere sociale.

«Ma rispetto alla tradizione occidentale esistono differenze anche nella cottura della carne?» chiede Lucia, che ama informarsi sulle diversità tra culture e, conoscendola, so già che ha in mente un'altra ventina di domande.

«Prima di cuocere sullo spiedo, la carne viene marinata in un condimento di erbe e spezie di diverso tipo, a seconda dei gusti, del paese di provenienza e della stagione dell'anno, poi si taglia a fettine e si modella a formare un grosso cilindro, lo si inserisce nello spiedo e alla sommità si infilzano tutte le parti grasse della carne, in modo che, cuocendo, scivolino sulla carne ammorbidendola. C'è anche una particolare tecnica per tagliare il döner: innanzi tutto serve un coltello molto affilato o una macchinetta elettrica che affetti molto sottilmente, dal basso verso l'alto, per lasciare che il grasso rimanga sulla carne, poi, man mano che si taglia la parte esterna, cuoce lentamente anche l'interno».

«Ma che carne si usa per fare il döner?» continua Lucia.

«Vitello, tacchino, pollo, agnello, montone, dipende da dove la comprano. Solitamente si tratta di un mix di vitello e tacchino, che hanno un costo poco elevato, mentre se si prende solo carne di vitello costa di più. Ovviamente non si cucina il maiale perché nella nostra cultura è un animale sacro.» «Esistono macellerie apposite dove acquistare la carne?» incalza Lucia, come se non riuscisse a trattenere le domande.

Siccome ho paura che questa sorta di terzo grado possa offendere i due ragazzi, intervengo io, cercando di frenarla: «Cia, vuoi diventare un kebabbaro?».

I due giovani ridono e anche Lucia, ma prima che lei possa giustificarsi il ragazzo prosegue: «Non preoccupatevi, fa piacere tanta curiosità nei confronti della nostra cultura, ma effettivamente se tu avessi posto queste domande a uno dei negozianti non ti avrebbe risposto con la stessa facilità con cui sto rispondendo io. A loro non piace raccontarsi a voce, spesso sono enigmatici e, approfittando del fatto che sono immigrati e potrebbero non capire bene la lingua, scoraggiano l'interessamento dell'interlocutore dando risposte approssimative e poco chiare».

«Poi immagino che se queste domande le facesse loro una donna...» proseguo io, sempre conscia del fatto che nel locale siamo solo in tre ragazze, contro una dozzina di uomini.

«Ovviamente sarebbero ancora più schivi, anche se sono molto consapevoli delle differenze tra la tua cultura e la loro. Immagino vi siate accorte che i negozi di kebab non sono frequentati da troppe donne, le poche che ci sono vengono accompagnate, come mia sorella, ma per il resto si tratta soprattutto di uomini, la gran parte dei quali sono musulmani di diverse etnie. Vengono qui perché si sentono come a casa. Io conosco questo ambiente perché sono un grande amico di Akram, il ragazzo che gestisce questo negozio. Mi ha raccontato che gli immigrati come lui, che arrivano in Italia direttamente dai paesi d'origine (come vedi non è il mio caso), cercano subito l'appoggio di qualcuno che condivida la stessa cultura. Anche loro, come tutti, hanno un grande bisogno di solidarietà. Un po' come se all'estero, magari in un luogo poco turistico, vi sentiste rincuorati alla vista di un ristorante italiano.»

«Come hai fatto a conoscere Akram?» chiede Lucia senza troppe discrezioni.

«L'ho conosciuto molto prima che aprisse questo negozio. È stato uno dei primi kebab a Milano, nel 2000. Prima non ce n'erano così tanti in giro, sono sbocciati tutti negli ultimi

quattro o cinque anni. Lui è arrivato in Italia negli anni Novanta, ha fatto qui le superiori, poi ha lavorato per un certo periodo come carpentiere insieme a mio padre. È così che l'ho conosciuto. Poi un giorno gli si è presentata la possibilità di gestire un negozio di pizze da asporto, che dopo breve tempo ha cominciato a vendere anche kebab.»
«Quindi ha iniziato come pizzaiolo!» esclamo io sorpresa e divertita insieme.
«Sì, ma dopo meno di un anno vendeva anche kebab. Alla fine questi negozi hanno semplicemente seguito la scia di quelli tedeschi, che sono nati molto tempo prima, anche perché lì la componente musulmana è fortemente inserita nella società, ormai si parla di nipoti di immigrati e la religione islamica è la terza più professata, dopo protestantesimo e cattolicesimo.»
È vero, in Germania i negozi di kebab sono tantissimi, si sono diffusi negli anni Ottanta e sono così comuni che è stato creato anche un telefilm, che va in onda su MTV. Questa cosa l'ho scoperta un paio di anni fa, quando sono andata a Berlino a visitare un'amica in Erasmus: ovunque ci trovassimo c'era un negozio di kebab, praticamente una persecuzione. Però sono sempre stata capace di evitarli.
Proprio in Germania è nata questa serie televisiva, *Kebab for breakfast*, la storia di una famiglia ricomposta, formata da due ragazzi di cultura tedesca e due di cultura islamica, tutti adolescenti, che devono condividere lo stesso tetto a causa dei rispettivi genitori, i quali dopo essersi innamorati hanno scelto di vivere insieme. Naturalmente ciò fa emergere le differenze culturali e le difficoltà di convivenza, decisamente più marcate tra ragazzi che ancora stanno scoprendo se stessi.
«Tu credi che esista una correlazione tra periodo di immigrazione islamica e diffusione dei kebab in un certo luogo?» chiedo a Malik, dopo aver ragionato silenziosamente sulle sue parole relative alla situazione in Germania.
«Non te lo so confermare statisticamente, ma ne sono abbastanza sicuro. Dal 2000 a oggi il numero degli immigrati provenienti da paesi arabi è triplicato, ma come avviene per tutti i fenomeni migratori, questa gente ha portato con sé la propria cultura e i propri prodotti, che inevitabilmente si sono mescolati alla cultura che li ha accolti. Il döner kebab è na-

to in Germania da persone con background islamico, così come gli italiani in America hanno portato con sé la pizza, che poi ha subito le contaminazioni della cultura americana. Ma nove volte su dieci non troverete in America una pizza che vi soddisfi! Con questo intendo dire che qualsiasi cibo, una volta allontanato dal contesto tradizionale, subisce l'influenza del luogo in cui si trova e non sarà mai uguale all'originale: diversi gli ingredienti, diverso l'ambiente, diverso lo stile.»

«Diversi ingredienti? Intendi dire che qui non comprano la carne nelle macellerie islamiche?» chiede Lucia, che per poco non prende appunti.

«A questa domanda non troverai mai una risposta soddisfacente. Alcuni dichiarano di comprare la carne nelle macellerie islamiche che si trovano qui a Milano, altri dicono che la fanno arrivare direttamente dal paese di origine, poi c'è chi la compra in Germania e chi ancora la ordina surgelata da industrie italiane.»

«E chi dice la verità?» lo interrompo io, diffidente.

«Nessuno. O forse tutti. L'importante è apprezzare il prodotto finito, no? Quando qualcuno ti invita a mangiare a casa sua non dubiti della qualità degli ingredienti. È semplicemente una questione di fiducia.»

Lucia annuisce visibilmente, come a voler ribadire quanto sia importante il concetto di fiducia per potersi aprire alla conoscenza dell'altro, poi, dopo aver masticato velocemente l'ultimo boccone di kebab, lancia subito un'altra domanda: «Ma quanto si fidano gli islamici a mangiare carne straniera, dato che loro hanno tradizioni religiose che impongono non solo di non mangiare carne di maiale, ma anche di ammazzare l'animale in modo diverso?».

Non sapevo che ammazzassero gli animali in modo diverso. A dire il vero non so nemmeno come li ammazzino in Italia, immagino che usino la pistola, ma ho visto i miei nonni ammazzare il cappone di Natale con le mani, quindi non credo esista un metodo universale.

Mentre penso a queste cose mi passa un po' la fame, guardo il panino e mi sorprendo di me stessa: senza accorgermene l'ho quasi finito!

Interviene Randa, lasciando che il fratello mangi un po' in tranquillità; in effetti, da quando si sono seduti, lui avrà assaggiato sì e no due bocconi di falafel, troppo preso a raccontarsi, tutto contento di trascorrere così la sua pausa pranzo.

«In realtà i venditori di kebab si preoccupano più del rapporto qualità-prezzo, piuttosto che del metodo di macellazione. E i clienti fanno lo stesso. Non so se conoscete come avviene la macellazione nel rito islamico...»

Io scuoto nettamente la testa, tra curiosità e repulsione. Lucia fa con la mano un gesto che indica approssimazione, quindi Randa prosegue: «In pratica si tratta di un rito legato fortemente alla tradizione religiosa, che impone di sgozzare l'animale e farlo morire dissanguato; tuttavia, prima di questo atto si invoca il nome di Dio, per sacralizzare il cibo. La formula che si usa, una sorta di preghiera, è: '*bismillahi al rahman al rahim*', che significa 'nel nome di Dio, il misericordioso, il misericorde'».

Io, inizialmente senza accorgermene, torno a scuotere la testa sconcertata. Non credevo che esistessero ancora riti simili, così legati alla religione. Non riesco a capire se è il nostro cristianesimo a essersi secolarizzato, o il loro islamismo a conservare per sua natura un simile potere sul tempo e sulle cose.

«Tu credi che tutto ciò sia giusto? Voglio dire, non è una sofferenza per l'animale?» chiedo io, incapace di darmi una spiegazione.

«Mi fai una domanda difficile. Si tratta della mia religione, la stessa che mi fa indossare il velo e non mi fa mangiare il maiale. È ovvio che, vivendo in Italia, non posso pretendere di mangiare carne macellata in un certo modo, ma non mi pongo nemmeno il problema. Si fa quel che si può. Tuttavia, esistono in Italia delle leggi che permettono questo rito musulmano, a condizione che venga eseguito da personale esperto e che rispetti le norme igienico-sanitarie, ma non sono mancate numerose polemiche da parte di veterinari e animalisti che giudicavano scorretta l'uccisione dell'animale a freddo, senza prima averlo stordito a dovere.»

«Come sempre, come sempre...» prosegue Lucia, praticamente pensando ad alta voce.

«Cosa stai dicendo?» Randa si volge verso di lei.

«Sto dicendo che c'è sempre qualche compromesso che bisogna accettare. Con tutte queste obiezioni e tutti questi di-

stinguo, immagino che non riusciate nemmeno a rispettare il venerdì come giorno di preghiera...»
«No, ovviamente. Se sei un lavoratore autonomo e vuoi guadagnarti da vivere, come Akram, chiudere il negozio di venerdì costituisce una perdita economica che non ci si può permettere. Molto meglio chiudere la domenica, come tanti.

Per noi, o meglio, per voi cristiani è una cosa più che normale stare a casa la domenica, festeggiare il Natale e la Pasqua, ma se provaste a vivere in un paese arabo vi rendereste conto di quanto la cultura influenzi tutto, ma proprio tutto: la domenica si lavora, il venerdì si sta a casa, il venerdì è la nostra domenica, l'anniversario di Maometto è il nostro Natale e, sempre a voler fare confronti, il primo giorno della fine del digiuno di Ramadan è un po' come se fosse la nostra Pasqua.»

Sono basita, non avevo mai pensato a quanto una religione possa influenzare un'intera fetta di mondo. E con le migrazioni internazionali ogni differenza viene a galla, creando ricchezze ma anche problemi, perché non tutti sono disposti a scendere a compromessi. Integrazione non significa assimilazione: è giusto inserirsi nella società civile di un nuovo paese, senza però essere obbligati a perdere del tutto le proprie tradizioni, per accettare completamente e silenziosamente la nuova cultura. Non piacerebbe nemmeno a me una cosa simile, se un giorno fossi immigrata chissà dove.

V.

Quando Malik addenta l'ultimo boccone di falafel (nel frattempo il mio kebab è già finito da un pezzo), io esclamo: «Cavoli! Non pensavo che dietro a un semplice kebab si nascondessero tutti questi misteri. Devo ammettere che mi sento decisamente arricchita, oltre a essere tanto piena da scoppiare...». Poi aggiungo a mezza voce: «Spero solo di riuscire a digerire tutto...».

Lucia mi sente e, nel lanciarmi uno sguardo di rimprovero, mi risponde con tono aspro: «Non preoccuparti, il tuo fegato ha superato prove ben più ardue con i panini del Mac!».

Malik mi guarda con occhi sbarrati, in un misto tra incredulità e divertimento: «No! Ho pranzato con una traditrice!».

«Eh, addirittura? *Chi è senza peccato scagli la prima pietra*, dice la nostra religione» rispondo io in tono scherzoso.
«È vero, hai perfettamente ragione. Devo ammettere che anche io ho provato il Mac, ma quando posso lo evito, è un posto che non mi trasmette emozioni... e io mangio di emozioni.»
Questa frase me la devo segnare. «*Io mangio di emozioni.*» Non che sia grammaticalmente corretta, ma è molto poetica e rende bene l'idea della mia esperienza qui oggi: indifferenza, repulsione, rassegnazione, sorpresa, soddisfazione, curiosità... tutto in 5 euro e 50 di kebab. Conveniente!
Ci alziamo e andiamo a pagare.
Akram, dietro al bancone, ci chiede se vogliamo il caffè. Lucia e io ci scambiamo uno sguardo divertito, ma prima che lei possa persuadermi di nuovo e per paura di trovarmi a sorseggiare qualche beverone turco, io rispondo gentilmente: «No, grazie». Almeno il caffè lo voglio italiano!
Vedendoci parlare con Randa e Malik, Akram decide di farci lo sconto di 50 centesimi e ci regala anche un paio di caramelle.
Naturalmente ringraziamo e, mentre lui scambia due parole in arabo con Malik, chiedo a Randa se Akram sia solito fare sconti.
«È molto gentile con tutti, soprattutto con gli amici degli amici.»
«Tutti i kebabbari fanno così?» domando io, pensando che sia una questione di cultura.
«Quasi tutti. Ma non chiamarli 'kebabbari'!»
«Si offendono?» la interrompo preoccupata. «Alla fine non saprei quale altro termine usare, anche se devo ammettere che non piace nemmeno a me...»
«No», ride, «non sanno proprio cosa significhi. Loro sono venditori di kebab. Tra l'altro alcuni lo chiamano ancora 'kebap', sebbene l'alfabeto latino sia stato introdotto in Turchia negli anni Venti e con esso anche la lettera 'b' come finale delle parole... una sorta di ulteriore contaminazione» conclude Randa sorridendoci, mentre Malik esce dal negozio a braccia aperte esclamando: «Ragazze, è giunto il momento di tornare ai nostri impegni!».
È vero, ho completamente dimenticato lo shopping.

Salutiamo i due fratelli con l'augurio di poterli incontrare nuovamente nel negozio di kebab di Akram.

«È curioso che non capiscano la parola 'kebabbaro', non trovi?» chiedo a Lucia mentre torniamo in corso Buenos Aires. «Alla fine li chiamiamo tutti così, possibile che non comprendano che ci riferiamo a loro?»

«Non saprei, però è meglio che non capiscano. *Kebabbaro* mi dà proprio l'idea di qualcosa di dispregiativo.»

«Dispregiativo... boh. Direi piuttosto romanesco.»

Cia capisce che mi sto prendendo gioco dei suoi eccessi di fervore (lei è così in tutto) e si mette a ridere. Ridere di sé stessi è una grande virtù, ed è una specialità dell'Occidente: speriamo che non si perda, perché ne abbiamo tutti – occidentali, orientali, bianchi e neri – un grande bisogno.

Camminiamo per un lungo tratto senza parlare, entrambe noncuranti di quello che ci circonda, ancora avvolte dalle parole ascoltate durante il pranzo, cercando di riordinarle nella nostra testa come in un foglio di appunti.

Dopo qualche minuto, o forse dopo tanti, Lucia interrompe il silenzio: «Caffè?».

«Caffè!» rispondo io con un sorriso.

APPENDICE

Presentiamo infine due scritti di Luca Doninelli, lo scrittore che ha ideato i corsi di Etnografia Narrativa.
Il primo, «L'alba del degrado», è stato pubblicato sulla rivista Domus, allora diretta da Stefano Boeri, nel 2006. Racconta di una passeggiata a piedi, una domenica mattina alle cinque, in una delle zone più belle del centro milanese, il quartiere di Brera, allo scopo di cogliervi i segni minimali, ma ben presenti, dell'inizio di ogni degrado urbano. Quello che noi chiamiamo degrado non è infatti che la sua fase terminale, ma il suo inizio ci è molto più vicino di quanto non sembri.

Il secondo scritto è il testo della relazione introduttiva tenuta da Doninelli a Milano, il 28 ottobre 2009, presso la Sala delle Colonne del Museo del Duomo di Milano, al convegno La Gran Guglia del Duomo di Milano e il caso Croce, *dedicata all'architetto milanese Francesco Croce (1696-1773), misconosciuto progettista della Grande Guglia. Un episodio nel quale si mostrano con chiarezza la grandezza di questa città e il suo antico malessere.*

L'ALBA DEL DEGRADO
Cronaca di una passeggiata mattutina in una delle zone più belle del centro storico di Milano

di Luca Doninelli

1. Lo specchio del tempo

Come molte città d'Europa, ogni mattina Milano si sveglia due volte.

Per assistere al primo risveglio, il più drammatico, dovete alzarvi presto, alle cinque e mezza, massimo alle sei, se possibile meglio prima. Andate in Centrale, e senza soffermarvi su ciò che vedete intorno a voi salite sul primo pullman diretto all'aeroporto di Orio al Serio. Il pullman, nell'uscire dalla città, ferma vicino alla stazione metropolitana di Cascina Gobba, ancora chiusa – il servizio comincerà solo tra mezz'ora.

Una folla enorme stipa la piazza antistante la stazione, rendendo difficile la manovra del pullman. Sono i derelitti, immigrati clandestini che in città non hanno lavoro né posto dove dormire, non dico letto ma portico, panchina, angolo di marciapiede. Dormono fuori città, dove capita, dentro capannoni abbandonati, vicino ai centri commerciali, ai discount, alle stockhouse, ai McDonald's dell'hinterland, notturni anche in pieno giorno, come rivisitazioni aggiornate di certe immagini di Hopper.

Ma ancora prima delle prime luci dell'alba bisogna alzarsi, sgomberare, e al trotto anche!, fuori dai comodi cartoni, dai confortevoli giornali. Bisogna raggiungere la città in tempo utile affinché la prima corsa della linea 1, o del tram numero 15 non restino senza le loro armoniche a bocca, i loro violini romani, le loro chitarre tzigane. Bisogna andare, essere pronti per il secondo risveglio, quello nel quale Milano stessa dice: sono sveglia.

È il risveglio delle case, delle caffettiere, dei forni a microonde, quello del traffico che sorge dai lati della strada, dalle bocche dei box, dalle vie d'accesso, via Imbonati, via Rombon, viale Forlanini, via Ripamonti, via Palmanova. È il risveglio delle linee tramviarie e di quelle automobilistiche, di quelle filoviarie e di quelle metropolitane. È l'apertura delle porte degli uffici, quando i marciapiedi si popolano di ragazzi svogliati, di bambini allegri ma distratti, quando i negozi di frutta e verdura aprono, primi fra tutti, e il furgoncino staziona lì davanti, e due ragazzi di nome Samir e Ahmed corrono dal furgone al negozio reggendo cassette e scatoloni. Gli operai nei cantieri arrivano alla spicciolata, chiacchierando, e hanno la faccia che sa di caffè appena bevuto e di voglia di sigaretta.

Per quell'ora un intero popolo dev'essere già pronto, vestito e possibilmente lavato e sbarbato da molto tempo. Di norma non hanno l'automobile, e la città non prevede servizi per loro, perché loro non esistono, sono i più clandestini tra i clandestini, l'anagrafe non li prevede, perché mai dovrebbe l'Azienda Trasporti Municipali? Eppure, se vi alzate alle cinque e mezza del mattino, meglio prima, potete vedere i primi mezzi pubblici già pieni di gente sfilare tutti illuminati nel buio, e quando le porte si aprono ne fuoriesce un flusso di parole e voci che fa venire in mente il profumo dei suq mediorientali. Accenti, successioni fonetiche, ritmi diversi – dalla strettezza filippina alla liquidità araba, dalla rotondità indiana (come di biglia di gomma) alla sonnolenza vagamente ebbra dello slavo e del russo – si mescolano in un insieme che non ha talmente nulla di italiano da farci capire, da solo, che l'Italia ancora dorme.

In tutto questo, di per sé, non c'è degrado. Sono uomini e donne, qualcuno con mazzi di fiori, altri con grandi sacchetti pieni di aglio cipolle basilico, che conversano, assonnati, sopra un filobus. Cercano di vivere la loro vita, e un uomo che cerca di vivere la sua vita non comunica alcuna idea di degrado.

Ma è evidente lo stesso che qualcosa non va. Questa gente costituisce pur sempre un imprevisto, un sassolino nell'ingranaggio del nostro mondo. Non parlo degli immigrati (che non sono affatto un'entità), ma di questi immigrati. La città non li prevede, quindi non fa qualcosa per loro se non talora in termini di pubblica assistenza, di supplenza temporanea.

Questa gente costituisce un problema temporaneo, e tutto ciò che li riguarda, da parte nostra, si riduce a una misura pro tempore – loro, che fuggono dall'inferno per poter coltivare, come tutti, un sogno di eternità, quella piccola eternità che si chiama casa, lavoro, ossia la possibilità di poter voler bene – ma in pace – ai propri cari, e provvedere a loro.

Se non esistono mezzi pubblici dedicati, non esistono nemmeno spazi per vivere dedicati. È frequentando i loro spazi che sperimentiamo l'orrore del degrado – ma di un degrado che era già cominciato, chissà quanto tempo prima, dentro di noi. Andate in periferia, a nord, ad esempio in via Triboniano e dintorni, e in tanti altri luoghi simili, e vi accorgerete che il degrado non riguarda, innanzitutto, la dignità di chi vive in quei luoghi, ma un pensiero, o un non-pensiero, un'ombra di pensiero, la sua sagoma nera, che si allarga in noi – noi, che viviamo nella Milano decorosa dei box e dei giardini pubblici, e abbiamo doppi servizi in casa e scriviamo romanzi, e sistemiamo il Suzuki Burgman dentro il box, e i giornali ospitano i nostri interventi sullo stato della cultura, sul futuro della città, sul bene comune.

Proprio perché il degrado è un nostro pensiero, un mio pensiero, ho cercato di individuarlo nel suo stato iniziale, nel suo tratto ancora quasi invisibile eppure già presente, là dove quasi nessuno direbbe che ci sia del degrado.

È sempre importante capire dove trovare lo specchio giusto, quello capace di riflettere l'immagine esatta di noi e del nostro mondo. Giacomo Leopardi lo trovò nella ginestra, il fiore che cresce sulla lava che seppellì uomini, città e progetti insieme con la prosopopea di chi si crede eterno. «Qui mira e qui ti specchia, / secol superbo e sciocco, / che il calle insino allora / dal risorto Pensier segnato innanti / abbandonasti, e volti indietro i passi, / del ritornar ti vanti, / e proceder il chiami.»

Mi sono così mescolato con il popolo del Primo Risveglio, e ho raggiunto, alle sei del mattino, una delle aree più belle ed esclusive del centro di Milano, armato solo del presentimento che lì avrei trovato un luogo dove specchiarmi: io e il mio secolo.

2. L'inesorabile leggerezza dell'incuria

Scendo dalla 61 all'angolo di via Pontaccio con via Brera in tempo per il primo caffè al «Tabarin», che ha appena aperto. Con me due poliziotti, il garzone di un fruttivendolo e un tipo sui trent'anni che, seduto a un tavolo, sembra voler unire il giorno di ieri con quello di oggi, passando dalla birra notturna (la bottiglia da cl 66 è ai suoi piedi, accanto alla gamba del tavolino) al cappuccino con brioche.

Poi mi inoltro per via Brera, subito piegando a destra nell'acciottolato di via Fiori Chiari. Via Fiori Chiari, per chi non la conoscesse, si compone di due metà: da via Brera a via Madonnina, e da via Madonnina a via Ponte Vetero. La prima metà, un po' più larga, è un bel passeggio con negozi di antiquari, profumerie particolari (Lush) e alcuni ristoranti. La seconda è più stretta e meno frequentata per il passeggio: giunti all'incrocio, viene naturale spostarsi a sinistra, imboccare via Madonnina, affacciarsi verso san Carpoforo, fare un salto in piazza del Carmine.

È stato camminando con mia moglie per il primo dei due tratti di via Fiori Chiari, due domeniche fa, che è nata in me la voglia di scrivere queste pagine. I ristoranti avevano una parte dei tavoli all'aperto, con l'accesso ai tavoli segnato da un menù posto in bella evidenza su un leggio e un cameriere, o una cameriera, che stazionavano accanto al menù, rivolgendosi a chi passava con la nota frase:

«Vuole dare un'occhiata al nostro menù?».

In quel momento ho pensato che c'era qualcosa che non andava, o forse c'erano diverse cose che non andavano. I ristoranti di via Fiori Chiari appartengono alla vecchia tradizione milanese, ed è probabile che non rispondano più alle esigenze di chi, oggi, si serve dei ristoranti: gente che, se deve spendere, lo fa perlopiù nei locali trendy, mentre per il quotidiano si accontenta di panino o pizza. Sono, insomma, ristoranti nati e vissuti come risposta a una domanda di ieri, la domanda di un ceto medio-alto che non esiste quasi più.

Gli antiquari attirano sempre la nostra attenzione, ma un negozio come Lush ci dice che molti figli della borghesia hanno altri vezzi che non la buona tavola. Curano la forma fisica e amano i prodotti nei quali si possa intravedere la presenza di qualcosa di «naturale».

Vista nel deserto delle sei e venti di mattina, via Fiori Chiari appare un po' più brutta del solito – come probabilmente è. L'enorme palazzo bianco stile INPS che fa da angolo con via Brera, di solito poco guardato, adesso incombe sulla strada con tutta la forza della sua antipatia.

A più riprese, in passato come nel presente, gli architetti hanno cercato di introdurre volumetrie diverse rispetto al tessuto di un certo quartiere o paesaggio urbano. L'interruzione delle proporzioni uniformi può avere l'effetto di una dissonanza creatrice di nuovi rapporti estetici: una specie di sferzata felice, insomma. La stessa ristrutturazione del teatro Alla Scala, che si trova a non più di due, trecento metri da via Brera, obbedisce a questo criterio.

Esiste, vicinissimo, un altro esempio, molto fotografato, molto pubblicato e molto commentato, di questa tendenza: il grande palazzo rosso (un colore che, a Milano, ha il potere di precipitarci nell'infelicità degli anni Settanta) firmato Vico Magistretti, che occupa il perimetro delimitato dalle vie San Marco, Pontaccio, Solferino e Ancona, si oppone deliberatamente alla chincaglieria edilizia di questa parte di via Solferino e alle memorie nagliesche di piazza San Marco. A molti piacerà, ma a me – con tutto il rispetto per il grande architetto da poco scomparso – pare un compendio di tutte le idee infelici possibili: casa circondariale sul lato Solferino, centro commerciale vecchio stile sul lato San Marco. Non ho mai visto un edificio invecchiare tanto rapidamente – ma la colpa è, credo, anche del tempo infelice in cui fu pensato e costruito.

Quanto al palazzone bianco che mi sta davanti, all'inizio di via Fiori Chiari, non ha tutte queste pretese. È soltanto brutto, ma di un brutto ordinario, figlio di un tempo in cui nessun Signore o Duca imponeva il suo prestigio nel mondo, ma dove ugualmente la burocrazia faceva sentire la potenza del proprio anonimato. Comunque sia è bianco e non rosso. Peccato solo che quel bianco sia marmo («Ammannato, Ammannato...»).

In ogni caso, nessuna graziosa signorina mi indica il leggio su cui posa, pacchiano, il menu. Il leggio c'è, ma regge solo un filo elettrico. Le vetrine degli antiquari restano visibili e luminose oltre le grate, mentre Lush ci nega questa carità e se ne sta impenetrabile dietro la sua saracinesca.

Un'ideale muraglia, formata dalle vie Pontaccio, Brera e Ponte Vetero e dalla piazza del Carmine, custodisce questo pezzo di Milano dai volumi più piccoli, dai disegni più aggraziati. Qui, l'introduzione del nuovo ha rispettato le dimensioni. Come nell'edificio al civico 9 di Fiori Chiari, che gira poi in via Madonnina, dove esibisce il suo lato spettacolare – una specie di abside con una vetrata tonda bordata da un sedile di pietra a interrompere le linee squadrate del resto della costruzione. L'abside racchiude un minuscolo giardino interno formato, credo, soltanto da una magnolia. Visibile attraverso il vetro, la magnolia ospita a quest'ora il frastuono di una gran quantità di uccelli (l'accesso è libero dall'alto) al risveglio dal riposo notturno, anche se il diaframma vitreo rende il loro canto un po' artificiale, sintetico. L'edificio gira poi in via Marco Formentini, a chiudere sul lato sinistro (per me che guardo) lo slargo cui fa da fondale la chiesa sconsacrata di San Carpoforo.

La rotondità introdotta in questo edificio moderno fa pensare, in effetti, all'abside anche perché il paragone è richiamato dalla presenza di una facciata religiosa. Questa chiesa, come tutta la zona, ha una storia interessante e molto lunga, a partire dal luogo dove sorge, che in età romana era occupato da un tempio di Vesta. Oggi anche il nome di ex chiesa appare eccessivo per un edificio che di sorprendente ha soprattutto le dimensioni del portone – dimensioni per carroccio da processione – tanto che la denominazione di «spazio» (Spazio San Carpoforo) appare la più adatta alle manifestazioni che, discontinuamente, ospita: mostre, spettacoli, corsi universitari.

Tornando all'angolo di via Madonnina e via Fiori Chiari, si fa notare, in risposta alla rotondità dell'edificio al 9, la rotondità del bovindo (rivisitato) che sta sull'angolo diametralmente opposto dell'incrocio, dove la parte stretta di via Fiori Chiari incrocia la continuazione di via Madonnina, vicolo Fiori.

L'insieme dà un'impressione di fluidità, di richiami mentali tra vecchio e nuovo, ma anche di una leziosità da seconda casa in località di villeggiatura, che induce il giudizio a orientarsi più verso il «grazioso» che non verso il «bello».

Qui, la vita sociale presenta un ordito e una trama. L'ordito è dato da una certa omogeneità antropologica, dal lusso dei negozi, con il tocco di quel minimo di normalità (il fruttivendolo che sta aprendo proprio adesso, il baretto davanti al quale staziona il furgone della «Pasticceria Debora», con l'autista addormentato dentro l'abitacolo) che serve giusto a ricordarci che, qui, ci abita della gente.

Quanto alla trama, sono i ristoranti, i bar, i bistrot – aperti di norma fino alle tre – a dettare legge, con le loro ore piccole, dentro le quali si getta a capofitto la giornata. Qui, specie il sabato, è quasi impossibile passare da piazza del Carmine e via Fiori Chiari: bisogna fare il giro (Ponte Vetero, Pontaccio, Brera) tanta è la ressa. Si va dall'aperitivo delle diciotto e trenta al calice che staziona, la mattina dopo, col suo fondo rosso di vino, sull'ultimo tavolino, abbandonato lì dall'ultimo cliente, incapace di andarsene anche quando i proprietari del locale applicavano gli scuri.

(Aperitivo, ecco la nuova religione, il nuovo passe-partout di Milano, che sta a Milano come la Cultura sta alla Francia. A Milano tutto è aperitivo. Un corso di lingue straniere, la vernice di una mostra, una convention di venditori di moda, la presentazione della stagione teatrale. Aperitivi, aperture e quindi altri aperitivi. Religione sì, ma forse un po' tristanzuola. L'aperitivo apre – e a che?, alla soirée, che è come il mare blu nel quale ci si tuffa dalla scogliera della Giornata Lavorativa, ossia del lavoro, che è a sua volta quella cosa che Milano non ama più – e una ragione dovrà pur esserci.)

Alle sei e trenta del mattino i locali sono, ovviamente, chiusi. Non so se la nettezza urbana sia già passata, ma direi di no. L'impressione è che i diversi locali abbiano provveduto, prima di chiudere, a fare il grosso delle pulizie. Non vedo, infatti, bottiglie abbandonate o altri segni similari di sciatteria, però ci sono diverse cicche di sigaretta per terra, qualche fazzoletto scottex, mentre un filo di vino si perde, senza schizzi, da un punto preciso dove però non c'è niente (segno che qualcuno ha tolto la bottiglia) dentro un tombino.

Mi riprometto di fare un salto, prossimamente, in uno di questi bar. Un bar, in fondo, non ha bisogno di molto per essere accogliente, anche perché noi, in fondo, non chiediamo poi molto a un bar. Anche se chi vuole permanere sulla punta dei tempi, a fil di trend, non frequenta questa zona, non più. I centri cambiano in fretta, e qui si respira un'aria anni Novanta che va bene a chi si contenta. Ma per trovare il nuovo polo bisogna tornare in Brera, raggiungere via Monte di Pietà e poi piegare in via dei Giardini, dietro la cittadella di Armani, oppure fermarsi in via Gabba, ad ammirare il modo in cui Bulgari ha trasformato in albergo (con lounge bar) un vecchio convento (con chiesa) incuneato nell'orto botanico di Milano.

Tra questi palazzi più grandi, tra questa borghesia residenziale dai volumi netti e un filo arroganti ma indubbiamente distinti (la distinzione, vero carattere morale del milanese d'antan), che non ha mai accettato di contaminare il residenziale con il commerciale, ecco apparire locali così distinti da assumere essi stessi – benché partecipi dell'entelechia dell'Esercizio Commerciale – un che di residenziale, di silenzioso, di appartato. L'importante è che il commerciale si comporti come il residenziale, che l'hotel and resort sia degno del convento sulla cui location insiste con la splendida bianchezza della sua facciata, con la preziosità delle sue ardesie, con il silenzio dei suoi clienti. Come San Carpoforo sta sopra il tempio di Vesta, così il Bulgari hotel and resort sta sul vecchio monastero, a ricordarci i sensi molteplici che la parola «religione» contiene, incluso – lasciando stare quello più importante – quello di rito civile, di consuetudine che è, al tempo stesso, gesto fondativo: non di un popolo ma comunque di una comunità, di un ceto sociale, di una cerchia.

Siedo, in via Gabba, su uno di quei «panettoni» di cemento che delimitano i lavori in corso. Non è necessario viaggiare in luoghi esotici per riempire la propria testa di pensieri, di appunti insoliti, di punti interrogativi. Basta guardare meglio quello che crediamo di conoscere.

Per me, che non ho mai prenotato un tavolo per l'aperitivo, e se devo prendere un aperitivo scendo al plebeo Pink Bar (con tabacchi) sotto casa mia, passare da una zona alla moda ma non più così di moda a un'altra ancor più alla moda e pensare, a un tempo, alle zone – ce n'è, a Milano, quattro o cinque – che sicuramente soppianteranno quelle di adesso, comincia a farmisi chiaro il contenuto del sospetto che mi aveva spinto, un paio d'ore fa (sono ormai le otto, e tra poco m'infilerò in un bar normale a bere un cappuccino o un marocchino con brioche Deborah o Le Tre Marie), a prendere l'autobus insieme con il popolo del Primo Risveglio cittadino e a farmi quattro passi nella bomboniera di Brera.

Uno dei problemi principali che una città come Milano pone ai suoi interpreti è la difficile, ambigua lettura delle sue molteplici destinazioni, dei flussi incrociati dove vanno a finire una giornata, una settimana, un periodo. Per altre città il problema è meno avvertito. Una capitale, o ex capitale, ad esempio, prevede già all'origine una pluralità di «centri», perché in una capitale la vita è plurale fin dall'origine: il centro religioso è distinto da quello economico, che è a sua volta distinto da quello politico. Ci sono poi il centro dei divertimenti, e in città molto antiche (Roma ne è l'esempio più evidente) esistono diversi centri a seconda di dove li hanno voluti le diverse epoche e i diversi poteri che vi si sono succeduti. Con quale luogo identifichiamo il centro di Roma, o quello di Parigi, o di Londra, o di New York?

Sono tutti temi arcinoti, che a me servono per indicare l'anomalia di Milano, anticapitale fin nel fondo dell'anima. Nonostante le sue dimensioni, Milano è una città piccola, una città-paese, stretta come tanti paesi intorno al Duomo. Quello è il suo centro. Nel bene come nel male, Milano è una città strutturalmente cattolica, che si è progettata e immaginata secondo ritmi di vita determinati dal cattolicesimo inteso non come dimensione dell'anima (in questo, Roma lo è molto di più) ma come forma ordinatrice della vita, dei suoi ritmi e delle sue priorità. Non a caso il cattolicesimo sociale è nato a Milano. Il genio di Milano sta sempre non nella purezza di un pensiero, ma nella sua capacità di contaminarsi con l'aspetto operativo della vita: cattolicesimo sociale, design industriale.

Una città così strutturata, così insistente su una sola dimensione sociale (domenica a messa e poi a pranzo con tutta la famiglia, e la sera a letto presto ché lunedì si deve andare a lavorare) crea difficoltà di lettura in un momento in cui la differenziazione urge.

Per questo sorgono nuovi centri, nuove zone della vita serale e notturna, nuovi templi della cultura e dell'arte (vedi

Lambrate, oppure la Fondazione Pomodoro). Tutti luoghi che assumono aspetti festanti e sorprendenti – non nascondo la mia ammirazione per via Savona, fino a poco tempo fa brutta lunghissima e anonima via di periferia – ma dove il rischio del degrado è presente fin dall'inizio, poiché nessuno di questi luoghi può ascrivere a sé quella continuità di vita, quella saldezza antica, in questo caso cristiano-cattolica, su cui si è fondata la struttura di borghi e paesi.

L'inizio del degrado, il primo tratto, quasi inavvertibile, della decadenza sta probabilmente in questo: che una volta istituito un nuovo «centro», questo deve essere continuamente messo a tema – ossia: la sua cura non va lasciata ai gestori dei bar e dei ristoranti, agli abitanti della zona, al servizio di nettezza urbana, ma deve avere un contenuto culturale chiaro e condiviso, in qualche modo, dalla città intera. Un luogo, per durare, per non scivolare nel démodé, che è l'inizio della fine, deve essere fortemente voluto per ragioni che devono a loro volta esser in qualche modo chiare a tutti. Queste ragioni possono essere la presenza di un grande monumento o opera d'arte, di un'istituzione che la città avverte come importante, ma più in profondità esse riguardano la persona, ciò che un individuo identifica come «star bene» e «star male».

Tutti noi desideriamo star bene, ma poi non assecondiamo la legge del desiderio, e ci fermiamo in superficie. Non ci domandiamo se esista un posto dove stare veramente bene, un porto (se possibile non macabro come quello invocato dal Foscolo) per avere pace. Ci si accontenta della moda, del flusso, secondo quella che un mio amico definì cultura preterintenzionale, ossia, per dirla facile: il fare certe cose perché si fanno, frequentare certi pensieri e desideri perché è così che va il mondo, indossare i pensieri di tutti non perché giusti o sbagliati ma perché di tutti.

In questo i responsabili culturali hanno le loro gravi colpe, poiché hanno trasformato la cultura in una specie di religione o di moda, e al tempo stesso hanno lasciato cadere i loro tesori nella polvere, per cui (per fare un esempio) tutti corrono a vedere Caravaggio e nessuno si ricorda più che esiste Tiziano.

Dunque, il primo tratto del degrado appare nel momento in cui un luogo viene lasciato all'abitudine, con tutti i suoi lotti (reali e metaforici) assegnati, senza più quella salutare tematizzazione che lo faccia vivere e rinnovarsi continuamente, fino a diventare qualcosa di caro e insostituibile.

Un'ultima osservazione, che è forse la conseguenza empirica della precedente. Quanto detto equivale a dire che una porzione di città è destinata ad attestarsi nel tempo nella misura della volontà che l'ha prodotta – nella misura della durata di tale volontà. La forza di un edificio o di un complesso urbanistico non dipende solo dalla bontà delle soluzioni, ossia delle risposte fornite dall'architetto, ma dalla forza della domanda che l'ha voluto. Lo splendore dei risultati non può non essere l'epifenomeno dello splendore del richiedente, così che ogni edificio importante reca il nome di colui o di coloro che l'hanno voluto come una firma d'autore. Lorenzo de' Medici fu magnifico perché magnificente, ossia fattore di cose grandi. Altri dipinsero progettarono scolpirono ma il suo nome resta attaccato a quelle opere. Ogni volontà (sia essa di potenza o no) lascia il proprio segno indelebile sulle cose. La cattedrale di Chartres non è l'opera di un capomastro di genio, ma di un'intera città, così come allo splendore del Chrysler Building non può essere estraneo lo splendore di Mr. Chrysler, così come all'inesorabile grigiore della Défense corrisponde la scontatezza della retorica anonima di uno Stato forte ma privo della personalità di altre epoche.

Igor Stravinskij diceva che l'abilità dell'artista sta nello scegliersi i committenti giusti, ossia le domande giuste capaci di far risaltare la bellezza di risposte già pronte.

È la meravigliosa disonestà dell'arte, la sua suprema truffa, la sua femminilità: non arrovellarsi sulle risposte da dare, ma adattare alle domande più feconde le proprie risposte già formulate, come arcieri burloni che prima scagliano la freccia per poi disegnare intorno al punto d'arrivo il cerchio del bersaglio.

Un inganno, forse. Eppure nessuno più di alcuni grandi ingannatori ha saputo leggere nel profondo i moti e le oscillazioni del cuore che hanno fatto nascere le grandi domande.

LA GUGLIA DEL DUOMO DI MILANO

di Luca Doninelli

Do questo titolo alla mia relazione perché quando frequentavo l'università questa frase, «la guglia del Duomo di Milano», veniva usata dal professor Evandro Agazzi per illustrare il concetto di *funzione* in logica matematica. Tre concetti, come vedete, si connettono tra loro mediante due genitivi: «guglia», «Duomo» e «Milano». La guglia è la guglia *del* Duomo, e il Duomo è *di* Milano.

La preposizione connettiva «di» ha a sua volta tre valenze: una possessiva, una generativa e una ontologica. Se ad esempio dico: *Questo quadro è di Picasso*, io posso intendere questa frase in due modi: posso intendere che il quadro appartiene a Picasso, è di sua proprietà, *l'ha comprato lui*, fa parte della sua collezione privata; ma posso anche intendere che il quadro è di Picasso perché *l'ha dipinto lui*. Qui abbiamo una valenza possessiva e una generativa della preposizione «di», a cui si aggiunge una valenza ontologica, più profonda, se quando diciamo *questo è un quadro di Picasso* intendiamo non solo che l'ha dipinto lui, ma che non è uno dei tanti quadri che ha dipinto, bensì un quadro speciale, poniamo *Les demoiselles d'Avignon*, quello che lo esprime al meglio, quello che coglie l'aspetto più profondo della natura artistica di Picasso. Perché non è sufficiente aver dipinto un quadro affinché questo quadro sia «nostro», anche se ci chiamiamo Pablo Picasso: occorre anche un po' di fortuna, l'intervento di una grazia, di una buona stella – come dire: quello che abbiamo di più *nostro* non è tanto quello che produciamo noi stessi, ma quello che troviamo per una sorta di dono.

Quando dico *la guglia del Duomo di Milano* intendo questa frase nel primo e nel secondo senso. Ma quando parlo della Grande Guglia devo aggiungere anche il terzo senso: perché non è una guglia tra le altre, ma la guglia *più guglia* di tutte, la guglia per eccellenza, la prima che tutti guardiamo, sempre, quella che caratterizza maggiormente l'edificio che a sua volta caratterizza – cento volte più di qualunque altro – la nostra città.

Devo ringraziare alcuni amici architetti, e soprattutto uno, Stefano Boeri, perché mi hanno sollecitato a mettere a tema una questione che spesso uno scrittore non tiene nel dovuto conto nella sua complessità: il rapporto tra la forma dello spazio esteriore e la forma dello spazio interiore. Spesso gli scrittori tendono a ridurre tutta la questione allo spazio interiore, creando paesaggi che somigliano in qualche modo al clima, alla meteorologia del loro intimo: dal paesaggio dei loro libri deduciamo lo stato della loro interiorità più che da mille introspezioni o spiegazioni.

La messa a tema di questo problema obbliga però lo scrittore a un supplemento di complessità e a chiedersi: in che modo lo spazio in cui vivo incide sul mio spazio interiore? Le abitudini mentali che la città o la località in cui vivo inducono in me dipendono strettamente dal mio modo di vivere lo spazio in cui abito: perciò non si tratta solo di dare al mio immaginario una forma corrispondente alla mia interiorità, ma anche di capire la stretta dipendenza che intercorre tra i due spazi, interiore ed esteriore.

Quando io penso al centro di Milano, penso al Duomo, e quando penso al Duomo penso alla Madonnina, che poggia sulla Grande Guglia. Non esiste nulla a Milano che catalizzi gli sguardi di tutti, ma soprattutto di chi ci vive, come questa guglia. Se potessimo contare gli sguardi che si posano su ciascun edificio, parte di edificio, monumento, opera o semplice oggetto della nostra città, su qualsiasi elemento del patrimonio cittadino, io credo che la Grande Guglia del Duomo supererebbe di parecchie lunghezze qualunque altra cosa.

Perché Milano è fatta così, Milano è fatta affinché i nostri occhi salgano verso quel punto. La sua struttura a raggi è fatta perché chi procede verso il centro di Milano guardi quel punto. Tutto lo spazio della città, nonostante i molti rimaneggiamenti, rimodernamenti, bombardamenti, dismissioni eccetera, mantiene questa struttura originaria. Non è più esattamente così, tanto che per ritrovarla è consigliabile studiare la pianta della città, però le tracce restano, le cicatrici di quel disegno ammirevole non si cancellano, e soprattutto noi continuiamo a rapportarci al grande spazio della città come se quella struttura fosse ancora tutta perfettamente funzionante. I passi, seguendo lo sguardo, si avvicinano a quella meraviglia. La Madonnina è lassù, leggera e scintillante. Poi, una volta giunti, ecco il Duomo tutto intero, la sua potenza ora ci si mostra tutta dopo la leggerezza che ce l'aveva annunciato. Il poeta Clemente Rebora ha ben sintetizzato, in una sua celebre quartina, il sentimento di noi tutti di fronte al Duomo:

Il portentoso Duomo di Milano
non svetta verso il cielo
ma ferma questo in terra in armonia
nel gotico bel di Lombardia.

La caratteristica del Duomo non è di svettare, ma di tirare giù il cielo, di tirarlo in terra. Visto in mezzo alle case, sembra che voglia correre lassù, perché quella che vediamo è solo la guglia che regge la Madonnina. Ma quando ci si va vicino la prospettiva si modifica. I nostri santi sono così – pensiamo a san Carlo Borromeo, o al nostro nuovo santo, don Gnocchi. Milano è così, e anche la sua fede, quando c'è, è così. È tutta gente che ha realizzato il cristianesimo nel concreto delle cose, della terra, sporcandosi sempre le mani.
C'è un albero, il più lombardo tra tutti gli alberi, che esprime bene questo sentimento. Cito ancora Clemente Rebora in una delle sue ultime poesie, *Il pioppo*:

Vibra nel vento con tutte le sue foglie
  il pioppo severo.
Spasima l'anima in tutte le sue doglie
  nell'ansia del pensiero.
Dal tronco in rami per foglie s'esprime
tutte al ciel tese con raccolte cime.
Fermo rimane il tronco del mistero
e il tronco s'inabissa ov'è più vero.

Il pioppo di cui Rebora ci parla è per la precisione il pioppo cipressino, che somiglia a certe belle donne lombarde alte ma dalle caviglie possenti, un po' grosse. Donne che comunicano un'idea di eleganza ma anche di forza. Per salire verso l'alto l'albero deve piantarsi in terra: più affonda, più sale. Lo stesso si può dire del nostro Duomo: prima vediamo la sua altezza, poi ci accorgiamo di quanto deve scendere per poter salire così. Non sto parlando delle fondamenta murarie, sto parlando della metafora che un edificio così centrale comunica a chi vive in questa città: l'altezza è una questione di profondità.

Le altre città hanno perlopiù centri molto grandi. Pensiamo a Roma, a Parigi, a Londra. Esistono però città in cui il centro coincide con una cosa sola. Un esempio è Siena, un altro – il più clamoroso – è Milano. Il centro di Milano è un punto, non ha quasi spazio, e al tempo stesso è tutta la città, e il suo tetto si stende come un immenso telo appoggiato sul filo, sugli infiniti fili dei nostri sguardi che salgono fin lassù.

Il Duomo è il mediatore tra quel punto – la Madonnina, o meglio il punto ancora più a-spaziale di cui la Madonnina è segno, rinvio (la Madonna è per eccellenza colei che rinvia, i pittori la ritraggono mentre mostra Gesù, indicandolo spesso col dito) – il Duomo, dicevo, è il mediatore tra quel punto e il velo invisibile che si stende su tutta la città. Grande come edificio ma ancor più grande perché la sua eccezionalità ridefinisce tutti gli altri spazi della città. Nel momento in cui il Duomo s'insediò a Milano, tutti gli spazi che componevano la città furono costretti a ridefinirsi in rapporto con esso.

Il Duomo volle essere fin dal primo istante la Casa dei milanesi. Tutta Milano è come dentro il Duomo, e io credo che non esista nessun'altra città al mondo capace di incarnare un'idea di spazio simile a questa.

A Milano si è sempre *dentro* qualcosa. Questo l'ho scritto già in un mio libro, ma mi piace ripeterlo qui: è una città fatta di interni, di *dentri*. La gente non sta «fuori» nel senso in cui può star «fuori» a Roma, o a Napoli, o a Palermo. Non si passeggia per Milano, e se uno va a zonzo per Milano è segno che è un po' matto – mentre andare a zonzo per Roma è obbligatorio se la si vuole cominciare a conoscere per davvero. A Milano si passa da un interno a un altro interno, si passa da dentro la casa a dentro la macchina, da dentro la macchina a dentro l'ufficio, e così via, e il «fuori» è solo un intervallo, un passaggio. Milano è una città-utero, una città femmina, una città segreta. Le sue cose più belle sono spesso poco visibili: i suoi cortili, gli interni delle sue case. A questa mia vecchia osservazione si aggiunge, qui, un accento di sacralità. Ma ciò che fa casa più di tutte le case, ciò che fa interiorità più di ogni intimità è questo punto di convergenza di tutte le linee dello spazio cittadino. È questa convergenza a fare «casa», e a fare della parola «casa» una parola speciale, a Milano.

Per uno scrittore il Duomo è anche una metafora. I tanti edifici sono come tanti racconti, più o meno lunghi. Il Duomo è il romanzo. Il più milanese tra gli scrittori, Alessandro Manzoni, scrisse un solo romanzo, che – a prescindere da ogni valutazione estetica – fu, nella sua opera, come la nostra cattedrale in mezzo alle case e ai palazzi. Il romanzo può essere meno bello dei racconti, ma la sua forza è unica. Non è semplicemente una narrazione un po' più lunga di altre narrazioni chiamate «racconti», è qualcosa di nuovo, è una difformità, è qualcosa che accade di schianto, spesso quasi all'insaputa di chi lo sta facendo: è qualcosa che costringerà a ridefinire tutto il resto, tutte le altre opere dello stesso autore o della stessa epoca. È una novità che costringe tutto l'esistente a riposizionarsi, a ridefinirsi. *I Promessi Sposi* getta una nuova luce sull'*Adelchi*, sul *Carmagnola*, sul *Cinque Maggio*, così come la getta anche su ciò che verrà dopo, sia nell'opera manzoniana (penso al suo capolavoro assoluto, la *Colonna infame*) sia nell'opera degli scrittori che verranno.

Anch'io, che vengo chiamato – a torto – romanziere, ricevo ogni giorno, quando guardo la Grande Guglia su cui si issa la Madonnina, l'impulso a spingermi oltre, a tentare il nuovo, a non accontentarmi di quello che so già fare, a scommettere su me stesso fino all'ultimo centesimo fino a realizzare il mio romanzo, o l'opera che lo sostituirà – qualcosa in cui consumarmi tutto, perché noi, e soprattutto noi milanesi, siamo fatti per dare più che per avere.

Ma il Duomo ci ricorda anche che, a differenza delle case e dei palazzi, una costruzione così straordinaria è sempre in qualche modo un'opera corale. Tutti i milanesi parteciparono all'edificazione del nostro Duomo. Il nostro Duomo ci ricorda che solo un tessuto urbano compatto non dal punto di vista etnico (Milano è sempre stata una città multietnica, Milano è sempre stata edificata da chi veniva da fuori e *diventava* milanese) ma da quello degli obiettivi e dei progetti può realizzare opere grandi – dove con «grandi» non intendo le dimensioni e nemmeno la sempre opinabile gradevolezza bensì opere che noi milanesi possiamo chiamare *nostre*, ossia portatrici di qualcosa che ci appartiene intimamente, che fa parte della nostra stessa carne, come quando mia moglie, osservando certi difetti dei nostri figli, scuote la testa, mi guarda e mi fa: «Sono proprio figli tuoi!». Il Duomo è grande perché è «nostro» e perché chiunque diventi milanese – sia tedesco, senegalese, filippino, armeno, cinese – può dire «nostro» allo stesso modo di chi è nato qui.

Ma perché questo pensiero possa essere vissuto davvero e non restare soltanto l'ombra di un sogno è necessario che Milano recuperi questa attitudine alla grandezza, alla progettualità comune, alla condivisione del destino della città. È necessario che noi milanesi torniamo al centro della storia presente (perché la storia o è nel presente o il suo passato si polverizza). Una mostra di Monet o di Hopper è la benvenuta, ma si tratta di mera importazione di qualcosa che non ci appartiene, e che può soddisfare il nostro *privato* bisogno di arte. Questo va benissimo. Ma una città acquista respiro mondiale solo se pone quello che lei stessa fa di fronte al mondo.

Essere protagonisti di un progetto grande non significa necessariamente fare grandi cose. La grandezza di Milano raccontata nell'insuperabile libro di Bonvesin de la Riva è una grandezza di acqua potabile, di maniscalchi, di carità quotidiana, di frutta e di verdura. Renzo e Lucia non hanno fatto grandi cose, e quello che hanno fatto avrebbero preferito non farlo. Avrebbero preferito sposarsi, avere dei bambini e fare il lavoro di sempre, vivendo come sempre. Però avevano il sentimento vivo della loro dignità, di essere parte di una storia importante, una storia che non comincia con Prodi per finire a Berlusconi, ma che comincia da Adamo e finirà col Giudizio Universale. Non è un problema di cose da fare, ma di prospettive. Milano ha prodotto il Duomo perché ha la capacità di produrre prospettive, idee, innovazione.

Oggi è facile passare davanti al Duomo e non guardarlo nemmeno. La dimenticanza del nome e della figura dell'architetto Croce, che disegnò la sua mirabile Grande Guglia, è sintomo di una dimenticanza più grande. Il Duomo è come una faccia, è come la faccia di un uomo che guarda il destino negli occhi, e non ha paura. Noi temiamo il suo sguardo, la grandezza che porta dentro di sé, la grandezza degli uomini che lo edificarono ci mette un po' di soggezione. Ci sentiamo più piccoli, oppure liquidiamo la cosa con un po' di scetticismo, pensando che quegli uomini, alla fine, erano dei visionari, o degli illusi. Ma al fondo di noi stessi sappiamo che non è così.

Dobbiamo poter tornare a guardare bene in faccia il nostro Duomo, rinnovando quella incredibile forza progettuale nella quale Milano non ha avuto pari in tutta la storia. Dobbiamo renderci conto della città straordinaria in cui viviamo, della sua unicità, e dei compiti che – indigeni o no, italiani o no, credenti o no, di destra o di sinistra eccetera eccetera – l'essere milanesi comporta.

Ringraziamenti

Desidero ringraziare quattro amici, senza i quali la realizzazione di questo (si spera) primo volume de «Le nuove meraviglie di Milano» non sarebbe stata possibile.

Li elenco in ordine di apparizione.

Il primo è il professor Giulio Sapelli, alla cui intelligenza affettuosa devo il primo indirizzo di questo lavoro e il continuo sostegno durante il suo svolgimento. Mi ha affidato lavori molto importanti per la messa a punto del mio metodo (quali la realizzazione di uno studio sulla val d'Agri, in Basilicata), ma soprattutto non mi ha mai fatto mancare il suo pensiero, sempre originale e spiazzante.

Voglio ricordare poi Riccardo Bonacina, fondatore e Direttore Editoriale del settimanale *Vita*, che per primo ha intuito gli sviluppi possibili della mia intuizione, e Giuseppe Frangi, che ne è Direttore Responsabile. Il loro giornale è un costante punto di riferimento per lo spirito e per il metodo del mio lavoro, perché *Vita* non è mai definito dai temi – pur importantissimi – di cui si occupa, ma dalla passione umana a 360° con cui affronta quei temi.

Un altro amico a cui debbo gratitudine è l'architetto Stefano Boeri, che per primo ha aperto le sue redazioni (prima di *Domus* e poi di *Abitare*) ai miei scritti di etnografia narrativa, aiutandomi anche a liberare l'idea iniziale dai limiti che in un primo momento le avevo imposto.

Devo poi ricordare il professor Mauro Magatti, che generosamente mi ha permesso di iniziare un corso sperimentale di Etnografia Narrativa presso la Facoltà di Sociologia (di cui è Preside) dell'Università Cattolica di Milano. Mauro non è meno antropologo che sociologo, e i suoi suggerimenti sono sempre preziosi.

Infine, *last but not least*, devo un «grazie» davvero particolare e sentitissimo a Camillo Fornasieri, Direttore del Centro Culturale di Milano e grande conoscitore della nostra città, che ha creduto nella mia idea dandomi la possibilità di tenere un corso parallelo a quello universitario (i lettori potranno vederne i risultati nella prima parte del libro) e a cui devo l'idea di questi libri.

Molti altri sono i nomi e i volti che mi vengono in mente, dagli amici della Fondazione ENI Enrico Mattei ad Aldo Bonomi, fino a quegli scrittori, che sono sempre più numerosi, per i quali il piacere dell'immaginazione non va mai disgiunto dalla responsabilità di svelare il volto del tempo in cui viviamo e di farsi testimoni dei cambiamenti che lo attraversano.

Luca Doninelli